変革期の養護教諭

——企画力・調整力・実行力をつちかうために——

森 昭三
Mori Terumi

大修館書店

はじめに

本書は、私が一人で養護教諭の先生方を対象にして書いた三冊目の著書に相当します。一冊目は、一九八一年に書いた『養護教諭のしごと』(ぎょうせい)ですから、二十年前のことです。二冊目は、それから十年後の一九九一年に書いた『これからの養護教諭―教育的視座からの提言―』(大修館書店)です。奇しくも、それから十年後の二〇〇一年にまとめることができたのが本書です。

いずれの著書も、読者となってくれるであろう養護教諭の先生方を強く意識して書いています。すでに記憶にない養護教諭の先生方も多いのでしょうが、私の三十・四十歳代の過去にあっては、文部省(現文部科学省)vs日本教職員組合(日教組)の対立が激しく、大学の教官である私などが話したり書いたりするとすぐに文部省系の先生とか、日教組系の先生とか、レッテルが貼られたものです。

私はどちらにも偏することはなかった、と考えています。どちらから仕事を頼まれても、役に立つのであればと引き受けてきました。人は、そうした私のことを日和見主義であると批判することもあったりしましたが、日和見主義なのではありません。

言うならば、「子どもの立場に立ってきた」と自負することができます。

本書も、そうした立場を貫いているつもりです。

「子どもの立場に立つ」ということは、言うまでもなく、必ずしも行政の進める仕事をバックアップすることではないと考えています。

一連の教育改革によって、いま養護教諭の先生方へ多くの期待が寄せられていますが、寄せられている期待がすべて妥当なものであると解することができるでしょうか。何はともあれ、将来を見通しながら、十分に検討することが必要です。盲目的に受けとめるのではなく批判的に受けとめ、その期待が妥当なものかどうか、理解することからスタートしなければならないと思います。

本書では、養護教諭の先生方にとっての今日的な課題を取り上げ、理解の手助けになればと考え、私なりの見解を示しました。私のような考えもあるのだ、と参考にしていただけると幸甚です。

ところで、文部行政の進める施策は、仮説のもとに展開される大きな実験である、とも考えることができます。たとえば、『学習指導要領』一つとっても、こうすることが望ましい、と考えての改正です。これまでは十年過ぎると時代遅れになるということから改正が繰り返されてきましたが、それは時代遅れということばかりでなく、仮説に妥当性を欠いていることもなきにしもあらずです。

したがって、養護教諭の先生方一人ひとりが実践を通して仮説を検証するのだ、という意識のもとに実践を展開することが大切ですし、求められています。

そうした取り組みによって、はじめて仕事の改善を試みていくことが可能となるのです。

最後になりましたが、本書は多くの方に支えられて書くことができたと自分の幸せを感じています。とくに、編集の労をとってくださった、大修館書店の高山真紀さんに心から感謝申し上げます。

厳寒の日に

著者

補遺・増刷にあたって

本書は、二〇〇二（平成十四）年に出版したのですが、二〇〇六（平成十八）年に一九四七（昭和二十二）年に制定された『教育基本法』の全面改正がされました。その結果、下位の法律の整備が必要となりました。本書で取り上げた『学校教育法』『学校保健法』『教育職員免許法』『学習指導要領』などですが、『学校保健法』は『学校保健安全法』と名称まで改正されました。

増刷にあたって、改正された法令との整合性を試みましたが、最小限にとどめたこともあり、やや読みづらいところがあるかもしれません。予め、お断りしておきます。

著者

二〇〇九年五月

変革期の養護教諭―企画力・調整力・実行力をつちかうために―　もくじ

第1章

教育改革と学校保健

養護教諭の仕事は、その前提として、学校教育や学校保健の方針に則して進められなければなりません。

その学校教育や学校保健の方針は、文部省（現文部科学省）の中央教育審議会、教育課程審議会、教育職員養成審議会、保健体育審議会などの各種審議会の答申によって打ち出された「パラダイムの転換」の必要性の提言によって急激に変わりつつあります。

方針に沿うためには、何がどのように変わりつつあるかを知らなければなりません。

養護教諭は定められた方針を理解して仕事に取り組むわけですが、仕事を通してその方針が誤りないものであるかどうかを検証しているとも言えます。否、検証していかなければなりません。

そうした実践の検証を積み重ねていくことが、次の新たな方針を策定していくときの重要な資料づくりともなっていくのです。

それだけに、そうした気構えをもって日常の仕事に臨んでいただきたいと思っています。

私は、養護教諭の仕事というものは法・規則に定められた各種の活動を円滑に、効率的に機能せしめればそれでよいのだといった発想には、問題を感じずにはいられません。

ここではまず、昨今の教育改革と学校保健の動向について整理し、若干の説明と検討を加えることにします。

1.「生きる力」と学校保健

❖「生きる力」をはぐくむことの重視

わが国の教育改革は、これまで主要には中央教育審議会、教育課程審議会、教育職員養成審議会、そして保健体育審議会などからのさまざまな答申を受けて進められてきています。言うまでもありませんが、これらの各種審議会の答申は、構造的な一貫性と整合性を併せもっています。なお、この度の「学校の健康・安全に関する審議」は、中央教育審議会のスポーツ青少年分科会学校健康・安全部会においてなされました。

たとえば、教育課程審議会は『幼稚園、小学校、中学校、高等学校、盲学校、聾学校及び養護学校の教育課程の基準の改善について（答申）』（平成十年七月）の前文において、第十五期中央教育審議会の第一次答申『二十一世紀を展望した我が国の教育の在り方』を次のように紹介し、この方針に沿って教育課程を編成しています。

「中央教育審議会の第一次答申は、二十一世紀を展望し、我が国の教育について、『ゆとり』の中で『生きる力』をはぐくむことを重視することを提言している。『生きる力』について、同答申は『いかに社会が変化しようと、自分で課題を見つけ、自ら学び、自ら考え、主体的に判断し、行動し、よりよく問題を解決する資質や能力』『自らを律しつつ、他人とともに協調し、他人を思いやる心や感動する心など、豊かな人間性』、そして、『たくましく生きるための健康や体力』を重要な要素として挙げている。また、同答申は『ゆとり』の中で『生きる力』をはぐくむ観点、完全学校週五日制の導入を提言するとともに、そのねらいを実現するためには、教育内容の厳選が是非とも必要であるとしている。」

中央教育審議会の「『生きる力』をはぐくむことを重視する」という方針は、これからの学校保健や養護教諭の仕事のあり方に、いろいろな面で影響を及ぼすと考えられます。

その一例をあげれば、子どもに「生きる力」をはぐくむことが重要であり、それには子どもや社会に「ゆとり」をもたせる必要があるとの提言に対して、どう対応するかを考えなくてはならないということです。より具体的に言えば、ここには、二つの問題が含まれているのです。

一つには、学校健康教育が「生きる力」の指導・育成にどうかかわるかということ、二つには、学校保健の立場から学校で教える教育内容を減らし、学校生活にもゆとりをもたせるにはどうすればよいかという問題です。

ところで、先に述べた「影響を受ける」ということとは逆になりますが、これまでの学校保健や養護教諭の仕事の成果が答申に直接的に影響を及ぼすことも可能性としてはあり得ることです。

しかし、残念ながら、これらの一連の答申からは、それらを読みとることはできませんでした。

❖「生きる力」が学校保健・健康教育に迫るもの

中央教育審議会と教育課程審議会との答申が打ち出した「『ゆとり』の中で『生きる力』をはぐくむ」という主張は、これまでの学校パラダイム（学校観）の問いなおしを迫るものです。このことについて、中央教育審議会委員である河野重男氏は、次のように説明しています。

「端的に言って、それは偏差値を中心とする学校観から、個性値・人間値を中心とする学校観へ、また一人の子どもの自己実現を図る場としての学校観への転換を図ることである。」

こうした方向性に沿って、つまり、こうした方向性に対する一貫性と整合性とを併せもって、これからの学校保健・健康教育は展開されていくことになるのです。幸いなことに、この学校パラダイムの転換と同じ方向に、健康や学校保健・健康教育のパラダイムの転換も進んでいます。

端的に言えば、これまでの学校保健・健康教育のめざす健康像は、みんなに共通する理想的な健康像（optimal health）を掲げ、みんながその同じ方向に向かって努力するというものであったと思います。しかし、これからの学校保健・健康教育では一人ひとりの求める理想的な健康像が異なることを認め尊重し、みんなで共に支えあって、共生・共存の実現を図る方向にあります。それは、一人ひとりの子どもの自己実現という「個性の尊重」です。

こうした転換は、健康概念の一つとして「自己実現」や「ＱＯＬ（生命・生活の質）」や「ウエルネス」が重要な位置を占めるようになってきたという、これまでの流れを考えれば容易に理解できることです。

つまり、一人ひとりの子どもの自己実現を可能とすることと結びついた、学校保健・健康教育が求められているのです。

❖「生きる力」と「生きる目標」

中央教育審議会のいう「生きる力」についてはすでに紹介しました。「生きる力」にとって不可欠なものは、「生きる目標」です。人は生きる目標、言い換えれば、未来像や時間的展望をもったとき、その目標を実現するためにはどのような能力を身につける必要があるかを考え、それに向かって努力するものです。

つまり、健康に生きるためには、「生きる目標」と「生きる能力」の統一が求められるのです。ここでいう「生きる目標」とは、具体的に言えば、「～になりたい」や「～をしたい」という欲求のことであり、「生きる能力」とは、「～できる」という能力のことです。たとえば、プロのサッカー選手に「なりたい」という「生きる目標」をもった者にとっては、サッカー選手に必要な「できる」能力（身体的能力やサッカー技術など）を身につけなければなりません。

言い換えれば、「健康」の必要性を意識し実感するのは、こうした「とき」、すなわち自分の「生きる目標」の実現に向かって努力したとき、であるとも言えるのです。

オーストリアの神経科医であり、精神科医であったヴィクトール・エミール・フランクルによるドイツ強制収容所の体験記録である、あの有名な『夜と霧』（訳書みすず書房　一九六一年）を読むと、次のような一節があります。

「これに対して一つの未来を、彼自身の未来を信じることのできなかった人間は収容所で滅亡して行った。未来を失うと共に彼はそのよりどころを失い、内的に崩壊し身体的にも心理的にも転落したのであった。」

この一節は、私たちが生きる上で、未来像・時間的展望をもつことがいかに重要なことであるかを教えてくれています。したがって、健康づくりもこの未来像・時間的展望とかかわって展開されなければならないと思うのです。

ルネ・デュボスは、すでに四分の一世紀前に『健康という幻想―医学の生物学的変化』（紀伊国屋書店、一九七七年）の中で、次のように述べています。

「人間がいちばん望む種類の健康は、必ずしも身体的活力と健康感にあふれた状態ではないし、長寿を与えるものでもない。じっさい、各個人が自分のためにつくった目標に到達するのにいちばん適した状態である。」

ところでやや話がそれますが、教育の目的は先に改正された『教育基本法』に記されているように、「必要な資質を備えた心身共に健康な国民の育成」にあります。つまり、教育することによって学力を育成するのはこの目的を実現するためであって、学力は目的実現のための「手段」にほかならないわけです。

にもかかわらず、いつのまにか、学歴偏重や偏差値偏重にみられるように学力の向上自体が、より端的に言えば、大学入学自体が「目的化」されるようになってしまっています。

つまり、「学力（学歴）さえつけておけば生涯にわたって幸福な人生を送ることができる」というように、手段の目的化が進められ、「手段」であるはずの学力の向上自体に重きが置かれてしまい、その結果として目的と手段の逆転現象がもたらされているわけです。

このことが、今日のさまざまな教育問題の元凶となっていると言っても過言ではありません。

健康づくりにおいても教育と同じように、こうした逆転現象がみられています。

つまり、健康の一人歩きです。「健康でありさえすれば、何でもできる」という考え方、つまり、健康でありさえすれば自己実現が可能であるというように、生きる目標と無関係に健康自体を目的化して考え、教え込むのです。

こうした場合、子どもたちには有無を言わさず、「健康ハ、ナニヨリモ大切デス」と教えているのだと思います。もしもこの時、子どもたちから「ナゼ、健康ハナニヨリモ大切ナノデスカ」と問われたら、いったい何と答えるのでしょうか。

ともあれ、先にフランクルやディボスの言葉を借りて指摘しましたが、この「ナゼ、健康ハナニヨリモ大切ナノデスカ」という問いに対する具体的な解答では「生きる目標」と結びつけられなければならないのです。

戦前、健康・体力づくりが富国強兵のためと結びつけられていたことの反省からか、戦後からこれまで、この健康というものを具体的に、生きる目標、生きることと結びつけるという意識がきわめて希薄であった、言い換えれば、回避してきたと指摘することができます。

希薄であるとき、「教育」と「生活」との乖離が生じると考えられるのです。

内田義彦氏は著書『生きること　学ぶこと』（藤原書店、二〇〇〇年）の中で、「上むきで考える、下むきで考える」ということを論じ、次のように述べています。

「遠山一行さんがゴルフ談義をやっていて、ゴルフの要点は、打った球が、どこをどう通って行くかというイメージをあらかじめ鮮明に持つことが第一であって、その上ではじめて、今度は、技術が生きてくるという教えに感銘を受けたということを書いていた。彼はゴルフにひっかけて、実は、日本の音楽界にかけているもの、すなわち、技術性だけが追求されて、そもそもいかなる音楽を作るかというヴィジョンがないために無色透明な音楽になっていることを批判しているわけだが、事態は社会科学も同じ。」

これまで述べてきたことは、このゴルフの要点に当てはめて考えるとよく理解できるのではないでしょうか。

つまり、「生きる目標」(上むきで考える)を考えることが重要であり、また「生きる能力」(下むきで考える)を考えることが大切なのですが、両者の関連が図られなければ意味がないということです。はっきりしていることは、私たちの仕事は「いかなる子どもを育てるか」というヴィジョンから、スタートしなければならないということです。

❖「ゆとり」の中で「生きる力」をはぐくむ

近年の一連の教育改革の目玉は、「『ゆとり』の中で『生きる力』をはぐくむ」ことにあると言われています。「生きる力」については説明してきた通りですが、なぜ「ゆとり」が目玉となったかについて説明しておきます。

冒頭に紹介した中央教育審議会の第一次答申には、次のような記述があります。

「まず、現在の子供たちは、物質的な豊かさや便利さの中で生活する一方で、学校での生活、塾や自宅での勉強にかなりの時間をとられ、睡眠時間が必ずしも十分でないなど、『ゆとり』のない忙しい生活を送っている。そのためか、かなりの子供たちが、休業土曜日の午前中を『ゆっくり休養』する時間に当てている。」

このように「ゆとり」の欠如を指摘し、その背景は「過度の受験競争」にあると批判しています。つまり、受験教育→ゆとりの欠如という構図が、教育改革の問題認識の中心を占めているのです。このような問題把握から導かれる処方箋として、「ゆとり」の拡大と、「自ら学び、自ら考える力」＝「生きる力」の教育とが改革の目玉とされたのです。「ゆとり」を拡大するための処方箋が学校週5日制の完全実施、教育内容の大幅な削減です。しかし、今回の学習指導要領の改訂では、生きる力をはぐくむという基本方針は同一ですが、学力の向上をめざし、教育内容の充実が図られました。

2. ヘルスプロモーションと学校保健

❖ヘルスプロモーションの理念に基づく健康づくり

平成九年九月に公表された、保健体育審議会答申『生涯にわたる心身の健康の保持増進のための今後の健康に関する教育及びスポーツの振興の在り方について』では、「I．生涯にわたる心身の健康に関する教育・学習の充実」を設け、その最初に「1．ヘルスプロモーションの理念に基づく健康の保持増進」とヘルスプロモーション（health promotion）を掲げたのです。

そして、「二十一世紀に向けた健康の在り方」と題して、次のように述べています。

「健康とは、世界保健機関（WHO）の憲章（一九四六年）では、病気がなく、身体的・精神的に良好な状態であるだけでなく、さらに、社会的にも環境的にも良好な状態であることが必要であるとされている。

すなわち、健康とは、国民一人ひとりの心身の健康を基礎にしながら、楽しみや生きがいを持てることや、社会が明るく活力のある状態であることなど生活の質をも含む概念としてとらえられている。したがって、国民の生涯にわたる心身の健康の保持増進を図るということは、すなわち、このような活力ある健康的な社会を築いていくことでもあると言えよう。

また、健康を実現し、更に活力ある社会を築いていくためには、人々が自らの健康をレベルアップしていくという不断の努力が欠かせない。WHOのオタワ憲章（一九八六年）においても、『人々が自らの健康をコントロールし、改善することができるようにするプロセス』として表現されたヘルスプロモーションの考え方が提言され、急速に変化する社会の中で、国民一人ひとりが自らの健康問題を主体的に解決していく必要性が指摘されている。ヘルスプロモーションは、健康の実現のための環境づくり等も含む包括的な概念であるが、今後とも時代の変化に対応し健康の保持増進を図っていくため、このヘルスプロモーションの理念に基づき、適切な行動をとる実践力を身に付けることがますます重要になっている。」

このように保健体育審議会答申では、今後の学校保健・健康教育はヘルスプロモーションの理念に基づいて展開されなければならない、と宣言しています。

このヘルスプロモーションの概念の重要な点は、今後はライフスタイルを健康なものにすることが必要であるが、そのためには個人に働きかけるだけではなく、個人をとりまく環境をも健康なものにしなければならないという主張が含まれている点です。

したがって、この環境を健康にする活動は、保健の領域にとどまることができない、とした上で、その活動領域として、

1. 健康な政策づくり
2. 健康を支援する環境づくり
3. 地域活動の強化
4. 個人の技術の開発
5. ヘルスサービスの方向転換

をあげたのです。つまり、ヘルスプロモーションとは、ライフスタイルの変容に影響する法規や行政や政策そのものが、個人の健康に相互に影響しあうという、きわめて広い概念だということができます。

先の保健体育審議会答申によれば、ヘルスプロモーションの理念に基づく健康教育は、「健康の保持増進のために必要な能力・態度の習得と健康的なライフスタイルの実現」を図らなければならないとされていました。

そして具体的目標としては、

1. 調和のとれた生活習慣の確立
2. 生活技術の習得
3. 行動変容を実践できる能力の形成

を掲げ、健康的なライフスタイルの実現を重視しています。こうしたライフスタイルの実現のためには、前述したように、個人の努力だけでは無理であり、努力を可能とする環境づくり条件づくりがなされなければならないというのが、ヘルスプロモーションの理念なのです。

したがって、健康なライフスタイルの実現は、個人の努力のみでは無理であり、環境・条件づくりが必要ということをどのように考え、どのように健康教育内容に組み入れるかが、重要な課題となってきます。

もし、この観点・視点が欠落するならば、ときどき指摘されている「ライフスタイルの実現のみの強調は『子どもの身辺処理能力』の育成に偏重する」という批判は、あながち間違っていないということになります。自分がいま暮らしている環境の下で、ライフスタイルの確立をめざすというだけではなく、環境そのものに問題がないか、もしあるとするならば、どう改善していけばよいかについても考えて実行していくことのできる能力の育成こそが必要なのです。

❖健康的なライフスタイルの実現

ヘルスプロモーションというと、グリーン（Lawrence W.Green）他のヘルスプロモーション計画作成、評価のための、プレシード・プロシードモデルがよく紹介されています。

そこでは、「望ましい行動ができる」あるいは「望ましくない行動を変える」ことが重視されますが、その行動の継続や変容にかかわる要因として、次の三つが考えられています。

1. 前提（先行）要因＝知識、態度など、行動に先立ち、その行動の理論的根拠や動機となる要因
2. 実現（促進）要因＝入手しやすさなど、ある動機による行動を実現させるために必要な要因
3. 強化要因＝仲間、家族など、ある行動が起こった後に、その行動の継続にかかわる要因

たとえば、喫煙は害になる（前提要因）と思い、タバコを吸わない（行動）若者は、両親からほめられることもあります（強化要因）。また条例によってタバコの値段が下がれば、未成年者は手に入れやすい状態となり（実現要因）、喫煙に対する肯定的な態度（前提要因）に結びつくことになります。通常は、これらの三つの要因がそろうことにより、行動は実行され維持されるのです。

喫煙を防止するためには、これらの要因へ働きかけることが基本となります。（グリーン他、神馬征

峰他訳『ヘルスプロモーション PRECEDE. PROCEED モデルによる活動の展開』医学書院、一九九七年）こうした考えを学校健康教育にどう導入し、展開するかは今後の重要な検討課題と言えます。
　平成元年に告示された『学習指導要領』では、周知のように疾病像が感染症から生活習慣病（当時は成人病と言われていた）に移行したということでライフスタイルの重要性が指摘されました。ただ当時は、『学習指導要領』が示す教育内容に、ライフスタイルという片仮名の表現を使用することは不適切であるといった意見があったことから、「ライフスタイル」ではなく、「生活行動」という用語が使われることになったという経緯があります。
　その「生活行動」という用語は、『高等学校学習指導要領』の「保健」の教育内容である「現代社会と健康」の項目で次のように取り上げられています。

　　「我が国の疾病構造や社会の変化に対応して、健康を保持増進するためには個人の適切な生活行動が重要であることを理解させる。」

　すでに述べてきたことですが、生活習慣病は幼児期からの健康的なライフスタイル（適切な生活行動）によって予防することができる、という考えから生活行動がより重視されるようになってきました。つまり、生活習慣病の予防には、幼児期からの健康危険因子（たとえば、喫煙、飲酒、肥満、運動不足など）の回避や除去が必要不可欠であると考えているのです。

しかし、ライフスタイルを重視するという動きは、こうした疾病像の変化のみによるわけではありません。保健行動学の進歩が行動の変容をより可能とする方法を解明したということも要因の一つであると指摘することができます。ロールプレイング（役割演技）によるライフスキルの学習（対処法）を強調していることなどがその例です。

ともあれ、これまでは病気（疾病・症状・異常の重視）ということから生物的・物理的・化学的要因が問題視されていたのですが、今日では健康行動（生命・生活・人生の重視）ということから心理的・精神的・社会的・文化的要因が問題視されるようになったのです。

もう少し、保健の授業に即して具体的に説明しておきます。

たとえば、『中学校学習指導要領』にみられる保健体育科の保健の内容である、「喫煙、飲酒、薬物乱用」に関する記述が、平成元年告示のものと平成十年告示のものとではどのように変わったかを比較してみると、平成十年のもののほうが、ライフスタイルをより一層重視していることがよくわかります。

平成元年版…喫煙、飲酒、薬物乱用などの行為は、心身に様々な影響を与え、疾病の要因ともなること。

平成十年版…喫煙、飲酒、薬物乱用などの行為は、心身に様々な影響を与え、健康を損なう原因となること。また、そのような行為には、個人の心理状態や人間関係、社会環境が影響することから、それらに適切に対処すること。

「疾病の要因」という表現が「健康を損なう原因」に変わっています。すなわち、平成元年ごろまでは、前述した「疾病モデル」であり、生物的・物理的・科学的要因が重視され、平成十年版では、「健康モデル」であり心理的・精神的・社会的・文化的要因が重視されるようになったのです。

したがって、平成十年からは「また」以下の内容が新たに加えられています。

健康の問題は、山本多喜司氏によれば「生物医学モデル」（健康は病気のない状態と考える）と「生物心理社会モデル」（病気は環境からの外的因子だけではなく、本人の遺伝的素質、本人の行動や心理的状態、そして本人をとりまく社会文化的要因の複合的な影響から起こるものと考える）の双方から考えることができるというのですが（「地域における健康づくり」教育と医学、二月号、一九九九年）、その流れからすると、「また」以下は「生物心理社会モデル」に依拠していると言うことができます。

喫煙が「なぜ健康に悪いか？」は「内容」に関する知識であり、それに対し「どう行動するとよいか？」という対処は「方法」に関する知識です。

平成十年の改正の際に新たに加えられ、強調されたのは後者のような対処行動、つまり「方法に関する知識」についてです。

ところで、「学び方を学ぶ」ということは方法に関する知識の習得です。他のところでも触れますが、内容に関する知識は「実体的学力」であり、方法に関する知識は「機能的学力」であるということとができます。近年、後者の「機能的学力観」が注目され強調されているので、方法に関する知識を学ぶことが強調されるのと同時に、教える側には授業方法の転換が求められます。

『中学校学習指導要領（平成十年十二月）解説―保健体育編―』の〈内容の取扱い〉のところで、このような「喫煙、飲酒、薬物乱用」についての内容を扱う際には、ロールプレイングやディスカッションなどを含めた実習を取り入れること、と教授方法についても具体的に例示しているのはそのためです。

❖学校保健が担う役割の明確化

『教育基本法』は、第一条（教育の目的）で次のように述べています。

「教育は、人格の完成を目指し、平和で民主的な国家及び社会の形成者として、必要な資質を備えた心身ともに健康な国民の育成を期して行われなければならない。」

この末尾の「心身ともに健康な国民の育成」という表現を捉えて、学校保健や健康教育の関係者は学校保健や健康教育が教育の中核を担っていると主張することが少なくありません。しかし、この「心身ともに健康な国民」とは、「人格の完成を目指し」以下の前文を受けているのです。

第三条（生涯学習の理念）では、次のように述べています。

「国民一人一人が、自己の人格を磨き、豊かな人生を送ることができるよう、その生涯にわたって、あらゆる機会にあらゆる場所において学習することができ、その成果を適切に生かすことのできる社会の実現が図られなければならない。」

つまり、生涯学習を通して教育の目的を達成しようというのです。そこにおいて、学校保健や健康教育には一定の役割が課せられているのです。

ヘルスプロモーションの理念は健康教育が中核となって実現していかなければならないのですが、言うまでもなく、健康教育のみで実現できるものではありません。それと同様に子どもたちの「健康的なライフスタイルの実現」においても、同じことが言えるのです。

こうしたことを養護教諭一人のみの守備範囲と考えるのではなく、全教職員で、そして保護者と協力して子どもの健康的なライフスタイルの実現を図らなければなりません。

養護教諭に要求されることは、そのためのネットワークや組織づくりのキーパーソンとなることです。

3. 教育改革と学校保健のこれから

❖これまでの学校保健

二十世紀末の数年間にわたって、文部省（現文部科学省）関係のいろいろな審議会から教育改革にかかわるさまざまな答申が公示されました。これらのことは、子どもの教育問題や健康問題が深刻なものとなり、何とかしなければならない状況にまで追い込まれてしまったことを物語っていると言ってもよいのでしょう。

たとえば、平成九年九月の保健体育審議会答申は、深刻な健康問題について、冒頭で次のような表現を使って述べています。

「学校においては、児童生徒の体位は向上しているものの、体力・運動能力については逆に低下する傾向が続いており、誠に憂慮すべき状況にあると言わざるを得ない。また、薬物乱用や援助交際、生活習慣病の兆候、感染症、いじめ、登校拒否等、児童生徒の心身の健康問題が、極めて大きな問題となっている。」

傍線は、筆者が付したのですが、「誠に憂慮すべき状況」とか、「極めて大きな問題」とか、きわめて深刻な表現を使っています。

この表現のように認識するのであれば、決して学校保健だけの問題とは言えませんが、学校保健が子どもの健康を守り、育てることを目標としていると標榜するかぎり、こうした状況にまで至ってしまった責任を免れることはできません。

どこまでが学校保健が責任をとるべきことなのかを明白に限定することはできませんが、「学校保健のどこに問題があったのか」を明らかにしないかぎり、これからの学校保健への展望をもつことはできないのです。

❖学校保健に関する「実践」と「行政」と「研究」

言うまでもないことですが、学校保健活動が成果を上げるためには、実践と行政（施策）と研究の三者が、それぞれ構造的に活発な活動を展開しないかぎり、期待できるものではありません。

では、三者のどこにどのような問題があった、と考えるべきなのでしょうか。

学校保健活動の実践を支えているキーパーソンの一人が養護教諭であることに、異論を唱える人はいないと思います。そしてまた、一連の教育改革の中で、養護教諭へもろもろの期待が寄せられたことは周知のことであろうと思います。

しかし、養護教諭の養成制度や養護教諭の勤務条件がじゅうぶんに整備されておらず、そうした期待に応えることのできる状況にないこともまた事実であろうと思います。このことは、現在のような期待が寄せられる以前から、たとえば、複数配置などの要望がずいぶん前から出されていたという事実からも間違いないと思います。

ようやく、平成十三年に第七次公立義務教育諸学校教職員定数改善計画が公表され、養護教諭の複数配置の改善数が小学校で八五一人以上、中学校で八〇一人以上、特殊教育諸学校で六一人以上と示され、その状況がいくらか改善されましたが、決してじゅうぶんなものではありません。

こうした複数配置という問題一つとってみても、実践と行政と研究の三者が構造的にかかわっていることがよくわかります。何となれば、複数配置の促進・実現を図るためには、養護教諭が複数になることによって、子どもの健康問題＝教育問題がどれだけ解消されるのかというデータによる裏付けが必要となります。それは、研究の問題と言えます。

しかし、そのデータの根拠が養護教諭の実践によって証明されなければ意味をもちません。そしてもし仮に証明されたとしても、行政が動かなければ実現はしません。言うまでもないことですが、行政もまた、研究や実践のデータがなければ施策を展開しにくいものなのです。

私は、今日的な深刻な子どもの健康問題＝教育問題の解決のためには、教職員のすべてが学校保健活動を理解し、実践できることが不可欠だと考えています。

したがって、数年前に論議の対象となったいじめ問題を契機にして、教育職員養成審議会で免許法の改正の作業が進められ、教職科目の充実が必要と指摘された折には、教員免許状を取得するためには「学校保健を履修しなければならない」、と必須化されなければならないし、そうならばすばらしいことであると考えていました。

しかし、残念ながら、実際には話題にもならなかったようです。平成九年の保健体育審議会答申においても提言されていないのですから、それもしかたがありません。

この問題の実現においても、三者の共同的作業が必要なことは説明するまでもないことです。

❖健全な批判精神による緊張関係が必要

実際、三者が構造的にかかわっているのにもかかわらず、それがうまく機能していないというのが現実です。それは、三者間の緊張関係の欠如が原因の一つではないかと思っています。

三者がお互いに意思の疎通を図ることは大切なことですが、それによって健全な批判精神が欠如することがあっては生産的ではありません。お互いの弱さの庇いあいでは進歩が期待できないのです。

簡単に言ってしまえば、〝give and take〟の精神が必要なのです。〝one way〟ではなく、〝two way〟であることが要求されるのです。

たとえば、研究者によって「このような場合は、このようにやるとうまくいく」といった研究成果が発表されたとします。その成果を実践というフィルターにかけて評価（検証）するわけです。そして、評価した結果を報告するといった手続きがとられるならば、進歩が期待できるのです。

現在、教育改革の名のもとにさまざまな学校保健にかかわる施策が進められています。『学習指導要領』の改正もその一つです。改正の趣旨にのっとって、保健の授業が展開されることが期待されるわけですが、研究者の立場から問題があると考えたのであれば、その問題点をできるだけ客観的に証明することによって批判することが必要です。こうした緊張関係によってはじめて進歩が期待できると思うのです。

私は、三者の中でも研究者という立場に身を置いていますので、研究問題について触れておきたいと思います。

いま、日本学校保健学会の会員は二千名を超え、十年前からみると倍増したことになります。国立の教員養成系大学・学部のすべてに大学院が設置され、修士課程ではありますが「学校保健」の専攻が可能となりました。養護教諭養成課程にも修士課程の充実が進められています。研究条件・環境は確実によくなってきており、学校保健や保健科教育を専攻する大学院生も出てきています。

しかし、研究成果がそれに比例しているかと問われれば、心許無いところがあります。それは、「量」の問題というよりも、「質」の問題においてです。ここでいう「質」の問題とは、学校保健に関する基礎的な研究にしろ、応用的な研究にしろ、学校保健にとって「意味のある研究」であるかどうかということです。こうした視点から研究成果をもっと批判的に問わなければならないのではないかと思っているのです。

研究ということでもう一つ指摘しておきたいことがあります。全体的な傾向として、健康教育に関心が向き、学校保健に関する研究者の多くは教育系大学・学部で養成されるということもあって、健康教育に関する研究（者）が多くなりつつありますが、それに比して、保健管理の分野に関する研究（者）が育っていないように思われます。

学校保健研究は、健康教育と保健管理との学際的・総合的な研究がなければ発展しないだけに、真剣に考えなければならない課題です。

❖教育改革への学校保健の立場からの提言

二十世紀の後の半世紀における学校保健を、大雑把に、しかも大胆に表現させてもらうならば、「健康の保持増進を図る」（学校保健安全法）ことを目的としながらも、結果的には子どもの健康問題＝教育問題の「後始末をつける学校保健」であったように思われます。それは、問題が生じてから対症療法的に対応することにとどまっていたということにおいてです。

真の学校保健の役割は、対症療法的にというだけではなく、こうした健康問題が発生しない（原因療法的な）健康的な学校づくりによって、学校保健安全法が謳う「子どもの心身の健康の保持増進を図る」ことにあるはずです。

そのためには、学校保健（養護教諭）の立場から、学校教育や家庭教育、さらには地域保健に対してもメスを入れ、積極的に提言していく必要があります。日々、子どもたちの生の声を聞き、子どもの立場に立って積極的・建設的に発言する養護教諭の声こそが必要なのです。

私は、いまから二十七年前に養護教諭関係の雑誌に「学校保健におけるひずみの原点」というタイトルで小論を書いたことがあります。その「おわりに」の項で、次のように述べました。

「児童生徒の全面的発達、それは教育の理念であり、学校保健の理念でもあろう。この理念と学校保健実践との間にあるギャップは、まさに私たちの力量の弱さでもある。それを直視し、明示し、そこに私たちの課題を設定することが必要であろう。課題とは、自らの現段階・弱点のリアルな認識があってはじめて、内的な動力をもった課題となるのである。

ともあれ、児童生徒の全面的発達にとって、学校保健が必要であるという、必要性と可能性との、実践の事実による証明が求められているのである。」

私たち学校保健関係者はほぼ半世紀前に比較すれば、かなりの力量を身につけてきていると思います。しかし残念ながら、状況はあまり変わっていないようです。

つまり、理論と実践とのギャップはあまり埋まっていないのです。

いま、改めて、展望をもち、勇気と自信をもった養護教諭の声が上がることを期待したいものです。

真摯に仕事に取り組んでいる養護教諭の声は、誰もが、注目し耳を傾けてくれるだろうと思うのです。

（この項は拙論・「教育改革に学校保健の立場から提言を」健康教室、二〇〇一年・二月号に加筆・修正を加えたものです。）

第2章

教育改革と養護教諭

一連の教育改革が進められる中で、養護教諭に新たな役割が課せられることになりました。

平成九年九月の保健体育審議会答申で「養護教諭の新たな役割」として、一層重要な役割をもつようになってきていると指摘されたのが、「ヘルスカウンセリング（健康相談活動）」でした。

それ以前にも、平成七年度に保健主事登用の途を開く制度改正が行われており、養護教諭によっては、健康に関する指導体制の要として、学校教育活動全体の調整役を果たす保健主事の仕事を担うこととされていました。さらには、一定の資格をもち、一定の手続きをとれば、保健の授業をもつことができるようにもなったのです。

いままでは、制度の面から担うことのできなかった仕事を担うことができるようになりました。そのことは同時に、多くの仕事の中でどの仕事を優先的・重点的に担うべきかという適切な判断力が、養護教諭一人ひとりに求められることとなったのです。

ここでは、これまでの一連の教育改革の中で、養護教諭にどのような期待が寄せられているのか、そうした養護教諭の新たな役割としての仕事を養護教諭はどう受けとめ、どう対応していけばよいのかについて検討したいと思います。

1．保健主事としての仕事も担う養護教諭

❖養護教諭に保健主事登用の途を開く

平成七年四月一日から「保健主事は、教諭又は養護教諭をもって充てる」と、学校教育法施行規則の一部を改正する省令が施行されることになり、これによって、養護教諭の「保健主事への登用の途」が開かれました。保健主事が制度化されたのは昭和三十三（一九五八）年学校保健法の制定に伴う学校教育法施行規則の改正によってでしたが、その時は「保健主事は、教諭を充てる」とされていました。

つまり、この時、昭和三十三年の法改正以後はじめての改正が行われたのです。その後現在では「保健主事は、指導教諭、教諭または、養護教諭をもって、これに充てる。」となっています。

手もとにある資料によれば、たとえば、平成十二年度の「高松市内の小・中学校における保健主事

発令状況」は、小学校では四十一校中十七名の四一・五％、中学校では十八校中八名の四四・四％となっています。この保健主事発令状況は各教育委員会によって、また学校種別によってかなりの違いがみられます。ただ、次第に多くなってきていることは間違いありません。

ところで、省令の改正は、二十余年前ごろからの「養護教諭を保健主事に……」という要望に応えてのことですが、養護教諭が、近年、社会問題になっている子どもの心の健康（不登校、保健室登校、いじめなど）や薬物乱用、性に関する問題等に対して果たしてきた役割が高く評価されたためであるとも考えられています。

しかし、やはり直接的な契機となったのは「いじめ」や「登校拒否」等が大きな社会問題となったことでしょう。

改正において、次のような趣旨説明がなされています。

「児童生徒の心身の健康問題が、複雑、多様化してきており、特にいじめや登校拒否等の生徒指導上の問題に適切に対応するとともに、児童生徒の新しい健康問題に取り組んでいくためには、指導体制の一層の充実を図る必要があり、保健主事、養護教諭の役割が重要になっている。このため、保健主事に幅広く人材を求める観点から保健主事には、教諭に限らず養護教諭を充てることとした。」

いじめ問題に対応した「いじめ対策緊急会議」の座長を務めた坂本昇一氏は、次のように述べています。

「学校における身体の健康と精神の健康（メンタル・ヘルス）をふくむ学校全体の『保健計画』や『保健（健康）年間指導計画』などの作成と展開に養護教諭の果たしうる役割は大きくなってきた。そこで、養護教諭が、『保健主事』に任じられうるという制度になったのである。」（『学校保健のひろば』第八号、大修館書店、一九九八年）

また坂本氏は、次のようにも述べています。

「子どもの心身の健康にかかわる教育と指導や対応をしている養護教諭が学校の保健主事として仕事する、という道が、いまになって開かれたことは、遅きに失したと言わざるを得ない。」

しかしながら、次にみるように保健主事制度がスタートした経緯から考えてみると、必ずしも坂本氏が言うように「遅きに失した」わけでもありません。紆余曲折を経た現在からすれば、「遅きに失した」のかもしれませんが、一方において新たな問題をもたらすとも考えられるのです。

❖保健主事の職務

保健主事の職務は、学校教育法施行規則第四十五条（保健主事）では「校長の監督を受け、小学校における保健に関する事項の管理に当たる」とされ、中学校、高等学校、特別支援学校においても同規則が準用（七十九条、百四条、百三十五条）され、それらすべての学校に置かれるものとされています。

保健主事という名称が学校職員として明文化されたのは、学校保健法の制定以前のことであり、昭和二十二（一九四七）年十一月、文部省（現文部科学省）が中等学校保健計画実施要領（試案）を刊行したのが始まりです。この試案は占領軍の民間情報教育局（ＣＩＥ）の指導のもとに作成されたものであり、米国の保健主事（health co-ordinator）制度を基にしたものでした。

この試案では、学校保健における保健主事の機能として、学校保健委員会への参加による学校保健計画の作成、学校環境調査の保健所への依頼、学校保健についての教職員の啓発や現職教育、養護教諭職務への協力、調査、健康教育課程の指導、学校保健における社会的活動などの十六項目の内容があげられていました。

要約すれば、学校保健の立案とその実施における連絡・調整、調査・研究、他の教職員の現職教育や啓発などです。

そして、「保健主事は、学校における保健計画に対しこれを管理監督する責任をもつべきである」とされ、後に、この「管理監督する責任」の解釈をめぐって議論されることとなったのです。それは、学校現場において、保健主事は養護教諭を管理監督する立場にあると解釈され、実際に養護教諭の活動が制約されるような事態が生じることがあったためです。

この試案の作成にあたっては起草委員会が組織され、その委員長は日本学校衛生会（現在の日本学校保健会に相当）の理事長であった岩原拓氏でしたが、文部省（現文部科学省）にありながら深くかかわっていたのは湯浅謹而氏であると言われています。

瀧澤利行氏は、その湯浅氏は保健主事のあり方を次のように論じている、と紹介しています。

「学校保健活動推進の原動力は、児童保健委員会を中心とする児童の保健自治活動であり、その推進の母体となるのが学校保健委員会である。そして、学校保健委員会の「世話役」こそが保健主事（health co-ordinator）であるという考えが湯浅の基本的思考であった。湯浅は、保健主事は校長が任命すべきものであり、教育委員会による任命は悪いとはしなかったが、『そうしない方がよいと思う』と述べた。保健主事は、校長の学校運営の方針について、保健面でのサポートをする職種であるととらえていた。また、養護教諭をはじめとする保健専門職の力を十分発揮させるためにさまざまな全校的な援助をすることを保健主事の重要な職務であるとした。それゆえ、保健主事には統合、調整、連絡の機能がもっとも重要であり、保健に関する熱意と関心は必要であるが、その専門的知識は必ずしも要さないとした。」（瀧澤利行：「保健主事制度の誕生と変遷」

（『学校保健のひろば』第八号、大修館書店、一九九八年）

学校保健法の制定に伴い、法の的確な運営を図ることを求める事務次官通達が出されましたが、その折は、「保健主事は、学校における保健管理運営上の観点から、校長の監督を受け、学校における保健に関する事項の管理に当たるもの」というものでした。つまり、「管理監督」ではなく「管理に当たる」であり、先の湯浅氏の主張に近いものであったのです。

現在、保健主事が果たすべき主要な役割は、次の四つです。

1. 学校保健と学校教育全体の調整をする。
2. 学校保健安全計画を立案し、その実施の推進を行う。
3. 保健管理と保健教育の調整を図るとともに、保健教育の適切な実施を推進する。
4. 学校保健委員会など、保健組織活動の円滑な展開を推進する。

❖保健主事への期待と資質の向上

保健体育審議会は、「児童生徒の心身の健康問題が深刻化し、その解決が緊急である」との認識に立って、平成九年九月『生涯にわたる心身の健康の保持増進のための今後の健康に関する教育及びスポーツの振興の在り方について』を答申しました。
この答申の中で、保健主事への期待について次のように述べています。

「近年、児童生徒の心身の健康課題が複雑多様化しており、このような課題に取り組んでいくためには、学校における健康に関する指導体制の一層の充実を図る必要がある。保健主事は健康に関する指導体制の要として学校教育活動全体の調整役を果たすことのみならず、心の健康問題や学校環境衛生など健康に関する現代的課題に対応し、学校が家庭・地域社会と一体となった取り組みを推進するための中心的存在としての新たな役割を果たすことが必要である。」

この文章の後に、「このため、保健主事の資質の一層の向上が不可欠であり」と指摘しています。また答申では、養護教諭の資質についても触れ、

「平成七年度に保健主事登用の途を開く制度改正が行われたこと等に伴い、企画力、実行力、調整能力などを身につけることが望まれる。」

と述べています。
答申が述べているような成果が、保健主事に期待できるのでしょうか。期待できるように資質の向

上が不可欠と謳われていますが、その具体的施策はまったく示されていません。

近年というかこれまで、多くの学校で、保健主事制度自体があってなきに等しい状況に置かれていたのではないでしょうか。保健主事に任命された個人の資質（意欲や情熱を含む）によって、保健主事の機能が大きく左右されているのです。

だからこそ再生させることが必要であり、そのために養護教諭の保健主事登用の途を開いたのであると解することもできます。

しかし、まず考えるべき重要なことは、養護教諭以外の保健主事の資質向上を図る施策を確立することであったのではないでしょうか。

❖養護教諭の保健主事登用の功罪

このように文部省（現文部科学省）は、「いじめ」や「登校拒否」という社会的問題に対処するために養護教諭の保健主事への登用の途を開くとともに、保健主事制度の強化を試みたのです。

養護教諭による「養護教諭も保健主事に」という運動が展開されていたこともあって、省令の改正に対しては「長年の願いが実現した」という歓迎の声が聞かれます。「養護教諭も保健主事に」という運動の背景には、「保健主事に介入されて、思うように学校保健活動を推進することができなかった」という思いもあるだけに、喜びの声となってしかるべきことなのだと思います。

たとえば、養護教諭が保健主事を担う意義について、安藤志ま氏は次のように主張しています。

「教育職員の中で児童・生徒の健康の保持増進を専門として教育を受けて学校保健を専門として活動をしている教職員は養護教諭である。経験を重ねた養護教諭が保健主事に任命されることは学校保健をより一層有効に運営できるものと考える。」（「養護教諭が保健主事を担う意義」学校保健研究第四十巻第三号、一九九八年）

しかし一方では、これまで養護教諭が学校保健推進の中心的役割を担ってきており、先に指摘したように保健主事制度自体が形骸化していたこともあって、「省令改正が、学校保健活動を活発に推進していくことに影響するとは考えられない」というような冷ややかな声も聞こえてきます。

藤田和也氏は、『養護教諭の教育実践の地平』（東山書房）の中で、「理論的には保健主事制度の必要性は感じない」と述べ、次のように保健主事制度の形骸化を主張しています。

「養護教諭が養護教諭として役割を果たしていけば、今日のような制度としての保健主事は不要であるというのが、筆者の基本的な考え方である。かといって今ある制度を急になくすということは現実離れをしているので、養護教諭自身がその役割を果たしながら、その制度がしだいに不必要になって（形骸化して）行くという方向をとることが現実的であろう。」

藤田氏は、歴史的にみて、養護教諭と保健主事をめぐって、職場で混乱や苦労が引き起こされた原因は、保健主事制度自体がもつ三つの矛盾にあったと指摘しています。それらの矛盾とは、以下のようなものです。

1.「差別、格差を生み出す制度」
2.「不要な上下関係を持ち込む制度」
3.「非専門家が専門家の活動を管理する制度」

また一方では、保健主事の主要な「調整」という仕事を養護教諭が兼任することに懸念を感じるという声も聞きます。

瀧澤氏はその一人ですが、次のように述べています。

「養護教諭の保健主事兼任は、養護教諭が調整という観点からすれば自ら専門的主張を和らげていく、またはいかざるを得なくなる局面が懸念される。養護教諭は学校という場での教育の論理と保健の論理との統一的追求の過程において、教育の論理を意識しつつ、最大限の保健の論理を展開する唯一の常勤専門職である。したがって、そこには教育への深い理解とともに、絶対に譲ってはならない学校保健の理念を貫く責務がある。その時に保健主事がもつ調整機能をどのように活用していくかが養護教諭の専門性貫徹の要諦である。このことは養護教諭が保健主事を兼任する場合に、同一人がいかに異なる判断を統合していくかという新たな課題を示すものである。」（前掲論文）

養護教諭が保健主事を兼務することができるようになったということは、ここまでみてきたように保健主事制度の存在を改めて問いなおす契機となっていますが、同時に養護教諭の専門性そのものを問いなおす契機ともなっています。

先にみたように省令改正の背景には、「いじめ」問題があり、保健室や養護教諭をこの課題の解決に役立てようという狙いがあったと言われています。

平成七年三月十三日、閣議決定で開催された「いじめ対策緊急会議」が最終報告書を提出していますが、その報告書をみると、養護教諭に対して次のような期待が寄せられています。

「養護教諭が得た情報を学校全体が共有し、問題解決に有効に用いること。」

この報告書に対し、さまざまな批判や疑問が寄せられていますが、山本和郎氏はその一つとして安藤延男氏が次のような危惧の念を表明していると紹介しています。

「このような養護教諭の位置づけは、養護教諭制度の変質につながることを危惧し、この報告書の精神が、いじめの本質に目を向けず本来の学校教育のあり方を根本から考える機会にすることのない、対処療法的で近視眼的な取り組みであり、結果的に一般教諭の教育的取り組みの後退へつながる危険性を警告している。学校は、いじめ撲滅機関ではない、あくまでも教育機関なのである。」（山本和郎「序にかえて」村山正治・山本和郎編『スクールカウンセラー』所収、ミネルヴァ書房、一九九五年）

山本氏は、こう紹介した後に、「この『いじめ対策緊急会議』の精神には、学校生徒に、学校集団の中で規律をいかに守らせ管理するかということに重点をおいた現行の生徒指導体制がいきづいていることが言える」と指摘しています。

もしそうであるならば、他のところで検討する養護教諭の一層重要な役割となったヘルスカウンセリング活動との兼ねあいをどう考えればよいのでしょうか。先の「養護教諭が得た情報を学校全体が共有する」ということになると、養護教諭がヘルスカウンセリングで得た情報の守秘義務はどうなるのでしょうか。

とくに、養護教諭が保健主事を兼務した場合、理論的にもさまざまな難しい問題を抱えることが予想されます。

こう考えてみると、とりあえずできることは、保健主事としての養護教諭が仕事をしていく上で、どのような問題が生じてくるのかを見守ることになるのでしょうか。

❖保健主事兼務に影響を与える要因

これまで、多くの養護教諭が保健主事の果たすべき役割や機能を実質的に代行していたとも言えます。したがって、すでに指摘したことですが、改正によって、これまでのこうした状況を「養護教諭が保健主事を兼務できる」と制度的に保障したことになるとも言えます。

兼務制度の試みが始まったばかりの今日、養護教諭が兼務発令を受けるかどうかは何に影響されるのでしょうか。また、養護教諭による保健主事が果たすことのできる仕事の難易度は、いろいろな影響によって必ずしも一定ではないと思われます。

考えられる「影響を与える要因」として、次の三つをあげることができます。

1.「個人的な要因」
2.「職場（学校）の要因」
3.「社会的な要因」

なお、先にも指摘しましたが、養護教諭による保健主事という新しい職は、いじめや不登校という複雑な教育問題などから、つまり、3.「社会的な要因」から導入されたと言うことができます。

「影響を与える要因」をそれぞれ具体的に示してみます。
「個人的な要因」としては、次のようなことが考えられます。

1. 養護教諭になるために受けた教育・訓練
2. これまで職場で養護教諭として期待されてきた役割や機能
3. 養護教諭としての専門家としての実践上、または研究上の興味（たとえば、ヘルスカウンセリングや保健授業への関心が強い場合は兼務発令を敬遠する傾向がみられます。）
4. 性格、価値観など（たとえば、活動的な養護教諭は保健主事を積極的に引き受ける傾向がみられます。）

「職場（学校）の要因」としては、次のようなことです。

1. 学校の養護教諭への期待、とくに管理者の期待
2. 学校の規模と児童生徒数
3. 児童生徒の保健室利用状況
4. 学校保健委員会の活発度と熱心な教職員の存在
5. 教育委員会の施策や方針

「社会的な要因」としては、次のようなことです。

1. いじめや不登校など学校教育上の問題の複雑化
2. 日本養護教諭教育学会や日本学校保健学会、そして全国養護教諭連絡協議会などの動向
3. 養護教諭の複数配置の推進

養護教諭が兼務発令を受けるかどうかは、必ずしも、個人的な判断が優先されるわけではありません。むしろ、養護教諭当人が保健主事をやりたくてもできない場合がありますし、逆にやりたくないのにやらされているという場合もあります。

実際、こうした例は少なくないようです。

兼務発令を受けた場合には、さまざまな「学校の要因」の中で、養護教諭自身の経験と能力という「個人的な要因」を生かしながら奮闘しているに違いないのです。

❖保健主事としての養護教諭

すでに、述べてきたことですが、保健主事は学校保健の組織的活動を「推進する中心的存在」であるとか、健康に関する「指導体制の要」であるとか、「学校教育活動全体の調整役」としての役割を果

たすことが求められています。

しかし先に藤田氏の主張を紹介したように、さまざまな矛盾を抱えたままであるこの制度は不要であり、現状では形骸化していくべきである、中間管理職としての保健主事の機能は教職員保健組織が担えばよいといった考えもあります。

つまり、教師集団の力をうまく結集できるようなシステムこそが必要だというのですが、結集するのはいったい誰なのか、残念ながら、そのことについては述べられていません。

これまで、多くのベテランの養護教諭が、保健主事でなくても保健主事としての役割（職務）を実質的に果たしてきたことは否定できない事実です。だからといって、養護教諭であれば誰でもがベテランの養護教諭のように保健主事の役割を果たすことができるとは言いがたいところがあります。

たとえば、ここ数年、保健室登校の子どもを大勢抱え多忙であるとか、新任で学校の実情がほとんど把握できていない、といった場合などです。こうした場合、養護教諭とは別に保健主事の役割を果たす人材は必要なのです。（なお、ベテランの養護教諭という表現を用いましたが、厳密に言うならば、経験年数に比例して養護教諭の実力が身についていくというわけでもありません。）

前提として、トップ・ダウン方式で決定されないということがありますが、何はともあれ、保健主事になるかならないかは当の養護教諭自身の明白な意志・判断によることが大切なのです。そして、管理職である校長や教頭など、あるいは、学校の教職員に保健主事を担当「する理由」、あるいは「しない理由」を資料をもとに明確に説明できなければならないでしょう。

そのためには、日頃から「できること」と「できないこと」を明確にしておくことが大切です。

こうしたことの「話しあいの場」がもたれることが、学校保健活動についての認識と活性化にとって不可欠なのです。また話しあいをもつことができるのであれば、藤田氏が指摘するような矛盾の払拭も可能なことだと考えられます。

ともあれ、今後検討すべきことは、学校保健活動を向上させる方向で養護教諭による保健主事のあり方（保健主事制度そのものの検討も含めて）と、そのための養護教諭の資質向上のための方策だと思われます。

2. ヘルスカウンセリングを担う養護教諭

❖保健体育審議会答申にみる、養護教諭によるヘルスカウンセリングへの期待

平成九年九月に公表された『保健体育審議会答申』の中で、「養護教諭の新たな役割」として強調さ

れたのは「ヘルスカウンセリング（健康相談活動）」でした。次の通りです。

「近年の心の健康問題等の深刻化に伴い、学校におけるカウンセリング等の機能の充実が求められるようになってきている。この中で、養護教諭は、児童生徒の身体的不調の背景に、いじめなどの心の健康問題がかかわっていること等のサインにいち早く気付くことのできる立場にあり、養護教諭のヘルスカウンセリング（健康相談活動）が一層重要な役割を持ってきている。養護教諭の行うヘルスカウンセリングは、養護教諭の職務の特質や保健室の機能を十分に生かし、児童生徒の様々な訴えに対して、常に心的な要因や背景を念頭に置いて、心身の観察、問題の背景の分析、解決のための支援、関係者との連携など、心と体の両面への対応を行う健康相談である。」

さらに、求められる資質の項では、次のように述べ、養護教諭が取り組むヘルスカウンセリングの独自性（独自の役割と方法）を明確に打ち出しています。

「(1)保健室を訪れた児童生徒に接した時に必要な『心の健康問題と身体症状』に関する知識理解、これらの観察の仕方や受け止め方等についての確かな判断力と対応力（カウンセリング能力）、(2)健康に関する現代的課題の解決のために個人又は集団の児童生徒の情報を収集し、健康課

題をとらえる力量や解決のための指導力が必要である。」（二重括弧は筆者）

この文章の中でとくに注目すべきことは、『心の健康問題と身体症状』と二重括弧でくくって表現しているところです。身体症状を訴えて保健室を訪れる児童生徒の「身体症状」をたぐっていくことによって、心の健康問題の本質が突き止められ、ひいては解決の道が得られるという過程を明示しているのです。

この過程の妥当性は、教育社会学者である秋葉昌樹氏による「保健室のエスノメソドロジー」という論文を読むと明らかです。（好井裕明他編『会話分析への招待』所収、世界思想社、一九九九年）なお、エスノメソドロジーとは、会話分析研究と訳されています。

秋葉氏は、保健室に来室する中学生と養護教諭とのやりとり（会話）を分析した結果、ほぼ次のような過程を踏んでいると述べています。

1．保健室における養護教諭と生徒のやりとりの大枠には、①来室、②問診、③診断、④処置、⑤退室、の一連のプロセスがある。

2．来室時点において問診、診断・処置へと至るやりとりの実質的なプロセスが始められ、方向づけられている。

3．養護教諭の最初の発話として頻繁に、繰り返し観察されるのは、「どうしたの？」の類である。生徒の発話を行う際、生徒を何らかの問題を抱えた人物として類型化している。
4. この類型化は、生徒の抱えた問題が、身体に関するトラブルだということ、また養護教諭はそうした生徒に対応すべき人物としてやりとりに参与しているのだという構えを示し合い、確認し合う作業となっている。
5. 悩みごとが語られるやりとりは身体のトラブルに関する確認作業の脈絡の中で、その子どもに関して蓄えてきた知識に結び付け、悩みごとを理解し、輪郭づけている。
6. 身体的トラブルに志向したやりとりが、生徒も個人の悩みごとを志向したやりとりに変わっていくとき、いま目の前にしている生徒に関する知識だけではなく、他の生徒の来室時の様子などの知識もまた有効に用いられている。
7. 日頃のやり取りで蓄えたさまざまな知識を誘い水にして、生徒の身体的トラブルに関係した経験を聞き出すことが、いわば意図せざる結果として、悩みごとを聞き出すことにもつながっている。
8. いったん悩みが語り出された後も、日常的に蓄えられた生徒に関する知識が用いられることで、やりとりは生徒の悩みへと志向した形で展開していき、そうした中で悩みごとは次第に輪郭づけられ、ある種の診断に結びついていっている。

そして、次のように結論づけています。

「養護教諭が、悩みごとの相談に乗ろうとしてつねに身構えていなくても、生徒の身体的トラブルに対処していくプロセスは、生徒が悩みごとを打ち明けやすくする秘密が埋めこまれているのだ。保健室のやりとりにみられるこうした長所は、保健室がカウンセリングのための場所として明確に位置づけられるとき、効力を失ってしまうのではないか。」

確かに、養護教諭の重要な役割の一つがヘルスカウンセリングであることは間違いありません。ここでは省略しますが、仕事の内容を量的に分析してもそう言うことができるのです。だからといって、秋葉氏も指摘しているように、そのことを過度に意識し、従来の保健室のあり方、言い換えれば、養護教諭の仕事に対する姿勢・仕事への取り組み方を変えることには問題があると考えられます。

藤田和也氏は『養護教諭の教育実践の地平』（東山書房）の中で、養護教諭の保健室での子どもの対応には、次のような四つの原則をあげることができると、その特徴を述べています。

1. 保健室へは誰でも「分けへだてなく受け入れる」という原則
2. 子どもの「訴えを親身に聞く」という原則
3. 子どもの訴えや行動の「よってきたるゆえん（理由）をとらえる」という原則

❖養護教諭のヘルスカウンセリングと学校医等の健康相談との違い

養護教諭の新たな役割としてヘルスカウンセリングが強調されましたが、これまでの『学校保健法』によれば、従来「健康相談」は「学校医又は学校歯科医が担当する」こととなっていました。学校保健法には、次のように健康相談の実施が定められていたのです。

第十一条　学校においては、児童、生徒、学生又は幼児の健康に関し、健康相談を行うものとする。

さらに、学校保健法施行規則によって、それに従事するのは学校医（二十三条）と学校歯科医（二十四条）であることが、職務執行の準則の項目に示されているのです。

これに関しては、体育局長通達も出されています。そこでは「この健康相談は学校医または学校歯科医に行わせ、時期も毎月定期的にまたは臨時に、時刻を定め、保健室で行うこと」と記されています。

しかし、養護教諭についてはまったく言及がなされていません。「保健室で行う」ことを原則としていることから、あくまでも健康相談の準備をし、実施を援助することが養護教諭の役割とされていたのです。

とはいえ、現実には非常勤の医師による健康相談はきわめて一部の学校でしか行われておらず、実質的には「養護教諭が行う相談活動」が大きな成果を上げていました。

このような状況から、昭和五十年代後半から六十年代にかけて、養護教諭からは健康相談にかかわることができない矛盾（体育局長通達）が指摘されていました。

しかし、研究者はそれを矛盾とは捉えず、学校保健法の第十一条に定められている健康相談と、養護教諭が行う健康相談との区別を試みています。

たとえば、小倉学氏は養護教諭によって行われる健康相談は、カウンセリングとしての健康相談、つまり「ヘルスカウンセリング」であるとしました。福田邦三氏は、健康相談を診察型とカウンセリング型の二つに分け、学校医等によるものは診察型の健康相談であり、養護教諭によるものをカウンセリング型の健康相談としました。（小倉学『学校保健』光生館所収、一九八三年）

杉浦守邦氏は、養護教諭による相談活動を「養護相談」と呼び、養護相談を保健相談とヘルスカウンセリングの二つに分けています。保健相談は、すべての健康レベルの健康生活上の態度・習慣等の健康問題にかかわる疑問を解決するための助言をすることであり、ヘルスカウンセリングは、低次の健康レベルにある心因性の身体反応の原因である情動葛藤を解消するための助言をすることであるとしたのです。（『養護教諭の職務』東山書房、一九八二年）

なお、一九八五年六月号の月刊誌『生徒指導』の特集名は「養護教諭の相談活動」であって、健康相談でも、養護相談でも、そしてヘルスカウンセリングでもありません。学校教育相談における養護教諭による相談活動であり、「養護教諭の」をつけることによって限定し、特徴づけているのです。

この号の「あとがき」に次のような記述がみられます。

「＊養護教諭の研究会に伺って強く思ったことが二つある。一つは、子ども達の健康はますます心身が深く関連したレベルで問題になってきつつあるということ。もう一つは、養護教諭の相談活動が、いわゆる学校教育相談の中でも、確実に独自の役割と方法をつくり出しつつあるということである。＊独自の役割と方法といっても、いくつかの側面があると思うが、そのもっとも大きな点は、生徒との相談だけでは決して完結しない、ということである。担任、生徒指導部、場合によっては専門機関や親にどうつないでいくかが絶えず課題となる。＊生徒の問題に早期に、的確に対処するために、ますます医学と教育と福祉の連携が必要となっている。その要が養護教諭であり、その重要な役割と考えてみたらどうであろうか、と思う。」

長い引用になってしまいましたが、すでに二十年前ごろから養護教諭による相談活動の「独自の役割と方法」が、注目されつつあったことがよくわかります。

にもかかわらず、答申では小倉氏や杉浦氏のいうヘルスカウンセリングが、「養護教諭の新しい役割」として改めて強調されています。二十年前ごろから担ってきたことであり、いまとなって、ことさら新しい役割と解することには疑問がないわけではありませんが、養護教諭を健康相談活動の主役と認識してその活動を支援しようとする保健体育審議会の提案は、大いに歓迎され評価されているのです。

なお小倉氏は、「養護教諭の行う健康相談は、組織的に教育相談の中に位置づけられたり、それとは別に並行して進められたりしているが、教育相談とは同質な点もあれば異質な点もある」と述べています。（『学校保健』光生館、一九八三年）

なお、今回の『学校保健安全法』では、第八条（健康相談）は、「学校においては、児童生徒等の心身の健康に関し、健康相談を行うものとする。」と従前と同じです。但し、新たに第九条（保健指導）が設けられ、次のように養護教諭の役割が法的に明文化されました。

「養護教諭その他の職員は、相互に連携して、健康相談または児童生徒等の健康状態の日常的な観察により、児童生徒等の心身の状況を把握し、健康上の問題があると認めるときは、遅滞なく、当該児童生徒等に対して必要な措置をおこなうとともに、必要に応じ、その保護者に対して必要な助言を行うものとする。」

❖スクールカウンセラーと養護教諭とによる援助サービスの違い

平成九年には保健体育審議会答申が出されましたが、その前々年の平成七年四月二十四日、初等中等局長決裁により「スクールカウンセラー活用調査研究委託実施要項」が各県に示され、スクールカウンセラー活用の効用に関する研究調査が開始されました。

研究調査の結果によることですが、スクールカウンセラー制度の本格的導入への一歩が示されました。（文部省（現文部科学省）の平成十三年度予算概算要求ではスクールカウンセラーを正式に制度化し、一七年度までの五年計画で三学級以上をもつ全公立中学校一万校に配置する内容が盛り込まれました。）

なお、このスクールカウンセラー制度導入の試みは、いじめ、校内暴力、登校拒否、中途退学等の生徒指導上の諸課題の解決に専門的立場から寄与することが期待されてのことです。

周知のように、学校教育の根幹をなすのは教科指導と生徒指導（教科外）の二本柱です。前者を指導サービス、後者を援助サービスということもできます。両者は相補いあうものですが、指導サービスの中心は教師が担い、援助サービスの中心は生徒指導係や教育相談係の教師と養護教諭が担っていたのです。言うまでもないことですが、教師の教育活動は指導サービスと援助サービスを同時に含んでいます。

ともあれ、こうした援助サービスの体制にスクールカウンセラーが新たに加わることになったわけです。スクールカウンセラーと養護教諭とでは、援助サービスにおいて果たす役割（立場）と使用する技法には違いがあります。

スクールカウンセラーの多くは臨床心理士であり、教員免許をもたない学校外からの専門家です。したがって、仕事の上での任務分担も、理論的には、スクールカウンセラーは子どもの学習面、心理・社会面、進路面などの専門的ヘルパーとしての援助サービスを担い、養護教諭は健康面での援助サービス（ヘルスカウンセリング）を担うと考えると比較的明確です。

しかし、私が見聞するかぎり、そう簡単には言いきれない現実があるようです。

それは、子どもの悩みというものが一つの複合体として存在しているからです。保健室に来室してきた子どもの援助のきっかけが健康面であったとしても、そのあと学習面への援助（たとえば、学習意欲の衰退や学習困難によるストレスなど）や心理・社会面への援助を必要とする場合は少なくありません。

つまり、学習面、心理・社会面、進路面、健康面等への、それぞれの援助サービスは、入り口がどこであっても、そこから複数の面に及ぶことが多いのです。

また、現在の保健室の多くは、子どもの居場所であるばかりでなく、生活や学習の場としても機能しています。したがって、保健室における養護教諭の援助サービスは、子どもの心身の問題を発見し援助することから、子どもの心身の状況についての情報収集（アセスメント）、子どもへの直接的な援助サービス（カウンセリング）、教師や保護者の相談（コンサルテーション）と幅広く展開されていま

す。（石隈利紀『学校心理学』誠信書房、一九九九年）

さらに、スクールカウンセラーが配置された学校では、いまのところ養護教諭がスクールカウンセラーと学校の橋渡し役になっていることも多く、スクールカウンセラーを含むさまざまな援助資源の調整という重要な役割を果たしているのです（石隈氏）。つまり、養護教諭は保健主事兼務の有無にかかわらず、保健主事の仕事をも担っているというのが現実であると言うことができます。

なお、養護教諭である、根本節子氏は、平成七年度にスクールカウンセラーが配置された、全国の一五四校の養護教諭を対象に、郵送法による質問紙調査を実施していますが、その結果を次のようにまとめています。

「教師の意識の中に相談活動の広がりや深まりが見られ学校は変わりました。日常的に保健室で行われていた養護教諭の相談が改めて認識され、養護教諭自身もスクールカウンセラーの対応や関わり方を学ぶことにより安心して相談活動に取り組むことができ、保健室の相談活動もさらに広がっています。

一方でスクールカウンセラー配置で、養護教諭の職務は、スクールカウンセラーと児童生徒・担任・保護者との連絡調整や、生徒や教師に対する事前事後の相談、事例検討会の資料作り、スクールカウンセラーへの情報提供、スクールカウンセラーが担当していた事例の引き継ぎ等で、多忙化が見られました。」（「養護教諭からスクールカウンセラーへの要望」『学校保健のひろば』

第十八号、大修館書店、二〇〇〇年）

養護教諭である、中坊伸子氏は、スクールカウンセラーの存在が、安心して相談活動に取り組めることにつながっていると次のように述べています。

「担任あるいは養護教諭の単独の力ではとても支えきれなかった。カウンセラーが、Aを支持してくれるという安心があるからこそ、背中を押すことができたと言える。また、教師だけの知恵では、冷静で適格な分析や方針は出せなかった。」（「学校精神保健の現場で何ができるか」ここころの科学九四、日本評論社、一九九八年）

一方、村山正治氏は、スクールカウンセラーの活動状況について、次のように説明しています。養護教諭とスクールカウンセラーとの連携のあり方が、スクールカウンセラーの活動のあり方にも影響を及ぼすことがうかがえます。

「校種別にみると、小学校での評価が最も良好であった。スクールカウンセラーと教師との情報交換は、比較的スムーズに展開しているが、スクールカウンセラーから、積極的に開示している学校の方が、評価が高く、教師への影響も大きいこともわかった。スクールカウンセラーに対する学校側の受け入れ体制は学校側によってかなりまちまちである。しかし、学校側の受け入れ体制や教師の意欲がスクールカウンセラーの評価とも関連していることがわかった。」(「スクール・メンタルヘルスとスクールカウンセラーの活動」教育と医学、七月号、二〇〇〇年)

❖援助ニーズに対応する援助サービス

養護教諭の行うヘルスカウンセリングは、「心の健康問題と身体症状との関連を念頭に置いて進める相談活動」(杉浦守邦氏)ですが、公衆衛生(予防医学)の予防的介入モデルに準ずるならば次のような三段階の予防的介入モデルが考えられます。(石隈氏)

一次予防(健康増進)介入モデルは、不適応を起こすことを予防することであり、入学時の適応、学習スキル、人間関係スキルなどへの援助サービスです。

二次予防(早期発見と早期援助)介入モデルは、不適応を悪化させたり、長引かせたりしないように、登校しぶりや学習意欲の低下などを示す一部の子どもへの援助サービスです。

三次予防(障害の限局化とリハビリテーション)介入モデルは、不登校やいじめ、学習障害、非行などを示す特定の子どもへの援助です。

いろいろな問題をもつ子どもにとって、保健室は三次的援助サービスの場であり、養護教諭は重要なヘルパーです。自分の教室に行くことができず保健室で、学校生活を送る保健室登校の子どもに対して、担任教師や保護者と連携して、子どもの援助ニーズに応じているのです。

しかし、二次的・三次的援助ニーズをもつ子どもが多くなるにつれ、たとえば、数名の保健室登校の子どもが保健室を占領するという事態に直面すると、考えかたの転換を迫られるようになります。

次のようにです。

養護教諭が保健室で把握した「問題の子」とみなされる子どもたちは、学級や学校の子どもたち、さらには広く、いまという時代に生きる子どもたちが何らかの程度共有している健康・発達問題が、たまたま顕在化したのである、とみることができます。

このようにみると、保健室が抱えている問題から多くの子どもたちが潜在的に抱えている問題を類推し、それらが大きな問題として顕在化する前に、こちらから「積極的に取り組む」という発想をもつことができます。一次予防の必要性です。

学校カウンセリングの世界では、担任が行うカウンセリングは三次予防としての、すなわち、問題をもった子どもや不適応児の治療的カウンセリングよりもむしろ、教育的開発的側面に重点を置いた「育てるカウンセリング」を中心とすべきである、という考えがあります。國分康孝氏の考えです。諸富祥彦氏も同じように考え、「打って出るカウンセリング」が必要だといいます。(『学校現場で使えるカウンセリング・テクニック』誠信書房、一九九九年)

國分氏と諸富氏がともに、養護教諭もそうあるべきだと主張しています。

養護教諭は「健康的な学校づくり」を組織する役割を担っていると思います。だとするならば、養護教諭が「育てるカウンセリング」や「打って出るカウンセリング」を率先して試みなければならないのです。

なお、同じような趣旨のことを、第十五期中央教育審議会第一小委員会座長を務めた河野重男氏は、「消極的健康教育から積極的健康教育へ」の転換を図ることが必要と表現しています。(「健康への自己教育力をどう育成するか」『学校保健のひろば』第二号、大修館書店、一九九六年)

❖養護教諭の援助サービスで果たす役割

先に子どもの心身の健康面に関する専門家としての養護教諭の役割について、石隈氏がアセスメント、カウンセリング、コンサルテーションの三つに整理していることを紹介しました。もうすこし詳しく紹介すると、次の通りです。

一つは、子どもの問題状況のアセスメントにおいては、子どもの心身の様子、子どもの身体的な訴えとその意味、また保健室登校をしている子どもの様子などについて情報提供する役割である。そして、問題解決のための援助方針の決定や援助計画の作成に積極的に参加する。

二つは、決定された援助案にしたがって、保健室における子どもへのかかわり、保健室登校の子どもの援助、教師・保護者への個別のコンサルテーション、医療機関との連携の役割がある。
三つには、援助チームのコーディネーターを務める役割がある。

養護教諭のヘルスカウンセリングについて研究を進めている杉浦守邦氏は、次のような三つの役割があると述べています。

1．問題症状と問題行動とを分けて観察すること。
2．身体症状から逆にたぐっていって、心因を明らかにすること。
3．支援計画を作成し実施に移すこと。

やや趣旨が異なりますが、國分康孝氏は「養護教諭の責務が新しい時代に入り始めているように思える」と指摘していますが、「新しい時代に入り始めた」という意味を、次の三点に求めています。（『保健室からの育てるカウンセリング』図書文化社　一九九八年）

1．受け身タイプの診療所的な保健室から、能動的なリーチアウトタイプ（reach out 押しかけ方式、出前方式の意）の保健室に変わりつつあるということ。
2．養護教諭は心理相談のプロであることが期待され始めていること。「治すカウンセリング」と

「育てるカウンセリング」のうち、特に後者のプロフェッションであれということ。

3．学校の中での「心の居場所」として保健室は市民権を得つつあり、「心のふれあいセンター」の機能を保健室は期待され始めたということ。「ふれあいの場づくり」をすることで、学校教育にヒューマニティを回復する先兵になること。

三人の研究者の論を紹介しました。

杉浦氏は、長い間、学校保健や養護教諭に関する研究を続けています。一方、石隈氏と國分氏は臨床心理関係の研究者であり、先の文献の中で、「保健室相談活動の門外漢の私にとっても」と前置きしているように、第三者的立場にあるとも言えます。しかし、今日では、養護教諭の存在を抜きにして学校臨床心理を語ることはできません。養護教諭は、それだけ注目されているのです。

ここで紹介した三人の研究者とやや異なった見解を述べているのが、藤田和也氏です。次の通りです。

「メンタルなトラブルを抱えて来室する子どもたちへの対応を、養護教諭たちはカウンセリングの一環としてというよりも、養護教諭の教育実践としての枠組みの中に組み込んでいるからである。簡潔に言えば、問題を抱える子を保健室で受けとめつつ、そこからその子の発達上の課題をとらえ、それをその子に返していく（問題の解決と自立に向けて援助していく）仕事のなかに、

その一部としてカウンセリング的対応が組み込まれているのである。」（『養護教諭の教育実践の地平』東山書房、一九九九年）

興味あることは、養護教諭とヘルスカウンセリングに対して藤田氏が意識するようには、石隈氏や國分氏は違和感をもたないのではないだろうかということです。二人は、むしろ、養護教諭はヘルスカウンセリングの専門家であるのだから、養護教諭の仕事を教育実践と捉える捉え方に違和感を抱くのではないでしょうか。つまり、藤田氏は養護教諭を教師に近い存在として位置づけているのに対して、石隈氏や國分氏はカウンセラーに近い存在として位置づけているのです。

ともあれ、スクールカウンセラーと養護教諭との役割分担と連携のあり方をどうすればよいかは、重要な課題です。今後、実践を通して明らかにされていくことでしょうが、研究者レベルでの意見交換が必要なところだと思います。

なお最後になりましたが、平成十年の教育職員免許法の改正により、養護教諭養成カリキュラムにおいて「養護に関する科目」の中に、養護教諭の専門性を生かしたカウンセリング能力の向上を図る観点から、科目「健康相談活動の理論及び方法」が新設されたことを紹介しておきたいと思います。各免許種（専修、一種、二種）について二単位ずつ修得させることになりました。

この科目の充実のために、「健康相談活動の理論及び方法」に関する研究が飛躍的に発展することが期待されるところです。

3. 保健の授業を担う養護教諭

❖健康教育の実施体制

これまで教科「体育・保健体育」における保健の授業は、小学校においては教諭の免許状を有するものが、中学・高校においては「保健体育」や「保健」の免許状を有する教諭が担当することとなっていました。

もちろん、養護教諭がティーム・ティーチングの一員として保健の授業の一部分を担当していることはありましたし、「保健体育」や「保健」、あるいは「家庭科」の免許状を有する養護教諭が、保健の授業を担当している例も少なからずありました。

ところが、昭和四十・五十年代にかけて、たとえば、岡山県のように、養護教諭による教育委員会への「保健の授業を担当させてほしい」との要望に対して、「教員採用試験は養護教諭で合格し、採用されているのであるから担当させることはできない。もし、保健の授業を担当したいのであれば、『保健体育』か『保健』の採用試験を受けなければならない」と指導していたのが一般的でした。

しかし一方において、愛知県のように、養護教諭に一定時間数の保健の授業を担当するよう指導していたところもありました。

この間、保健の授業が不振であることもあって、健康教育や学校保健関係の研究者や学校医などからは養護教諭に保健の授業をもたせるべきである、といった主張が少なからずありました。体育中心の保健体育教師よりも、保健に関する専門的な知識と技術を習得している養護教諭の方が適任であるというのが主張の根拠でした。

こうした背景もあってのことでしょうが、平成九年九月の保健体育審議会答申『生涯にわたる心身の健康の保持増進のための今後の健康に関する教育及びスポーツの振興の在り方について』では、「教科指導等における指導体制」の項の中で、次のような提言がなされました。


「とりわけ、教科『体育・保健体育』における健康教育を一層推進するため、『保健体育』や『保健』の免許を有する養護教諭について、教諭に兼務発令の上、保健学習の一部を担当させるなど、養護教諭等の健康教育への一層の参画を図るべきである。」

この提言は、画期的なことでした。

養護教諭は教科指導を担当しない、言い換えれば、評定にかかわらないことによって、他の教諭とは異なる立場を確保していました。当然、子どもたちからも、養護教諭は「成績をつけない先生」として認知されていたのです。その大前提を、健康教育というよりも保健の授業をより一層推進するために崩したということになります。

そして、保健体育審議会答申よりも、さらに一層前進させたのが教育職員養成審議会答申による免許法の改正でした。

❖「保健」の授業の担当

教育職員養成審議会は、保健体育審議会の答申を受け、養護教諭の養成カリキュラムの在り方について審議した結論の一つとして、カリキュラム改善に当たっての留意事項において「養成カリキュラム以外に制度的措置を要するもの」をあげ、その一つとして次のような「養護教諭による『保健』の授業の担当」を答申しました。(平成九年十二月十八日)

「いじめ、登校拒否、薬物乱用、性の逸脱行動等の深刻な問題を対処するとともに、児童生徒の健やかな心身の発達を援助するため、養護教諭の有する知識及び技能の専門性を教科指導に活用する観点から、例えば、養護教諭が『保健』の授業を担当する教諭又は講師となり得るよう、所要の制度的措置を講ずる必要がある。」

この答申にもかかわって、平成十年六月二十五日付で、文部事務次官（通達）「教育職員免許法の一部を改正する法律等の公布について」（文教第二三四号）が出されました。

「改正の要点」の四が、次のような養護教諭に関連する事項でした。

「養護教諭の免許状を有し三年以上の勤務経験がある者で、現に養護教諭として勤務しているものは、当分の間、その勤務する学校において保健の教科の領域に係る事項の教授を担任する教諭又は講師となることができることとすること。」（新法附則第十八条及び新規則附則第三十三項関係）

さらに、「留意事項」において「養護教諭が保健の授業を担任する教諭または講師となること」について、次の三点を示しています。

1．新法附則第十八項の新設により、養護教諭の免許状を有し、三年以上養護教諭として勤務経験を有する者で、現に養護教諭として勤務している者は、その勤務する学校において「保健」の教科の領域に係わる事項の教授を担任する教諭又は講師となることができることとなるが、養護教諭が教諭又は講師を兼ねるか否かについては、各学校の状況を踏まえ、任命権者又は雇用者において、教員の配置や生徒指導の実状等に応じ、教育指導上の観点から個別に判断されるべき事柄であり、本来の保健室の機能がおろそかになるような事態を招くことのないよう、留意する必要があること。

2．養護教諭が年間の教育計画に基づき、組織的、継続的に、保健の領域に係る事項のうち一定のまとまった単元の教授を担任する場合にあっては、当該養護教諭を教諭又は講師として兼ねさせる発令が必要となること。

3．……省略……

「教育指導上の観点から個別に判断されるべき事柄」と、各学校が適切に判断するように下駄が預けられたのです。つまり、養護教諭が保健の授業を担当するか否か、そして担当した場合、どのようにかかわるか、という判断が各学校に要求されているのです。

なお、教育職員免許法附則十五は次のようになっています。

「養護教諭の免許状を有する者（三年以上養護をつかさどる主幹教諭又は養護教諭として勤務したことがある者に限る。）で養護をつかさどる主幹教諭又は養護教諭として勤務している者は、当分の間、第三条の規定にかかわらずその勤務する学校（幼稚園を除く）において保健の教科の領域に係る事項（小学校又は特別支援学校の小学部にあっては、体育の教科の領域の一部に係わる事項で文部科学省令で定めるもの）の教授を担任する教諭又は講師となることができる。」

ここでいう「当分の間」とは、この措置はあくまでも「いじめ、不登校、薬物乱用、性の逸脱行動等の現代的な課題への対応と共に、健やかな心身の発達を援助するために養護教諭のもつ専門的な知識や技能を活用するために講じられた措置」であるので、現代的な課題が解決するまでの「間」を指していると解釈されています。

なお、「第三条の規定」とは、「教育職員は、この法律により授与する各相当の免許状を有するものでなければならない」という規定です。保健の授業を担当するためには、小学校にあっては「小学校教諭の普通免許状」、中・高校にあっては「保健体育、保健」の免許を有していることが必要なのです。

❖養護教諭と保健学習とのかかわり

先に述べたように養護教諭は、一定の手続きをとるならば、保健の授業を担任する教諭または講師となり得ることができるようになりました。つまり、養護教諭自らが、保健の授業を直接行うことができるようになったのです。

制度的にみれば、これまで養護教諭が保健の授業を直接行うことは期待されていなかった、できなかったとはいえ、現実的にみれば、保健の授業を担当している養護教諭は少なからず、存在していました。

昭和四十七（一九五二）年十二月に出された保健体育審議会答申「児童生徒の健康の保持増進に関する施策について」の中では、養護教諭の役割について触れ、「一般教員の行う日常の教育活動にも積極的に協力する役割を持つものである」と述べられていました。ここでいう「協力する役割を持つ」とは、「保健担当教諭が行う授業へ、教材や資料を提供する」ということです。

小倉学氏は、この表現に対して次のように批判していたのです。（『学校保健』光生館、一九八三年）

「一般教員の教育活動への協力を掲げているが、養護教諭自身も教育活動を行うという教育機能は示されていない。むしろ、『一般教員と協力して教育活動に参加する』とすべきであったと思われる。」

この頃、小倉氏は、「養護教諭の専門的機能（試案四）」を提示していましたが、そこでは次のように述べています。

「保健教授（学習）計画の立案を支援する。」

あくまでも「立案の支援」であり、小倉氏は養護教諭が保健授業を担当することは、考えていなかったようです。

「ティーム・ティーチング」という教授組織改善の一つの方式が、わが国に紹介されたのは一九六四（昭和三九）年頃からと言われていますが（『新教育学大事典』、第一法規）、その後、その実践研究が広まっていきました。固定化された学年制・学級制が、教育内容の高度化、教育方法の多様化に伴って批判の対象となりましたが、その改善の方法として数名の教師が協力・分担して授業に当たる方式がとられるようになったのです。

この方式が一般化するにつれ、小・中学校での保健の授業において養護教諭や学校栄養士などの協力・分担が求められるようになりました。その結果、養護教諭が「傷害の防止」の応急手当の包帯法などの実習の授業への協力や分担をするようになったのです。

❖養護教諭による「保健授業」と「保健指導」との混同

養護教諭が保健の授業を担当できるようになったとき、「日常的に保健室で当面している子どもたちの健康問題を教育内容として保健の授業に取り入れることができるから便利である」といった趣旨の発言があちこちで聞かれるようになりました。

これは、保健授業と保健指導との混同です。

このことについて、明らかにしておきたいと思います。

保健教育は、教科としての「保健教授＝学習」（学習指導）と教科外としての「保健指導」（生活指導）とに区分されます。

前者は、長期的目標に立って体系的に組織された基礎的・基本的な知識や技能を教授するのに対して、後者は、短期的目標に立って、体験学習などを通して生活態度や行動力などを育成する、というのが一般的な理解です。

なお、保健教授＝学習のための教育課程の大綱的な国家基準として学習指導要領が定められ、告示されています。わが国の学校教育においては全国的に一定の教育水準を確保し（基礎学力の維持と向上）、全国どこにおいても同水準の教育を受けることの機会を保障すること（教育の機会均等等）が要請されてのことです。

平成九年九月の保健体育審議会答申でも、この方針に沿って「健康教育で取り扱うべき内容と進め方」の項では、「教科における指導」と「特別活動における指導」とに区別しています。そして、前者では、「厳選した基礎的・基本的な内容の理解を通して、自他の生命尊重の心を涵養しつつ、健康に関する認識を深めるとともに、判断力・行動力などを育成することが必要である」としているのです。

一方、後者では、「健康に関する内容について、教科での学習や日常生活等で得た知識・理解等を実践する場として、児童生徒の自発的活動の促進に留意しつつ、具体的な指導を行うことが望まれる」としています。

ところで、詳論するのは避けますが、教科指導では問題解決学習が重視されると「子どもの生活経験」が注目されるようになります。一方、系統学習が重視されると「科学の系統」が注目されるようになります。

歴史的にみるならば、生活経験と科学の系統という両者は「振り子」のように、行ったり来たりしているのです。両者を統一し深めることが課題であり、次第に洗練されてきているとは言えますが、教育内容の編成において問題がないわけではありません。

平成元年に告示された学習指導要領は「感染症時代から成人病時代」へと移行したという観点・認識からの保健教育内容編成でしたが、それをさらに前進させたのが平成九年の保健体育審議会答申と平成十年の教育課程審議会答申です。前者では、「青少年の健康に関する現代的課題が深刻化している」と指摘しました。一方、後者では、「～近年の成育環境、生活行動、疾病構造等の変化に関わって深刻化している心の健康、食生活をはじめとする生活習慣の乱れ、生活習慣病、薬物乱用、性に関する問題等について対応できるように～」と指摘したのです。

両者の答申を受けて作成された平成十年告示の『学習指導要領』に示された保健の教育内容は、次の二つの特徴を有するものでした。

一つは、「健康に関する現代的課題（健康問題）が内容として大幅に取り入れられた。」

二つは、「実践力を育てるために行動科学的成果が導入された。」

保健行動の維持や変容を図るためには、その行動がもたらす健康への影響についての理解ばかりでなく、その行動に影響する心理・社会要因の理解と意志決定や行動選択できる能力及びその対処法の理解と技能（スキル）の育成が必要となるのです。

このように子どもが当面する健康課題（問題）が多く取り入れられ、その行動リスクを軽減するための行動化・実践化が強調されてくると、保健授業と保健指導との区別が見えにくくなってきます。言い換えれば、両者の混同が生じる危険性をはらむのです。

ということは、昭和三十年前後にかけて、問題解決学習が「這い回る経験主義」と批判されたのと同じような過ちを犯す危険性があるということです。それだけに、養護教諭が保健の授業を担当する場合には、保健授業と保健指導の違いを意識してほしいのです。つまり、日常的な保健室で当面している健康問題の主たる解決は、保健指導の課題と考えるべきなのです。

保健授業の特質は、長期目標に立って、保健認識の系統的発達を図ると共に、国民の共通教養（健康リテラシー）としての保健能力を育て、公共的責任を担い得る人間を育成するところにあります。

したがって、保健の授業で当面する健康課題への対応を学ぶとすれば、それは課題解決のための方策やスキルを学ぶだけであってはならないはずです。むしろ、その学びを通して健康文化の担い手として子どもが自立し、公共的な健康文化づくりの実践に参加し、健康の主権者として公共的責任を果たしていく能力を身につけるところにあるのです。

誤解されないようにつけ加えておけば、保健の授業と保健の指導とに明確な一線を引けと主張しているわけではありません。両者それぞれの特有な方向性を大切にしながら、柔軟に対応することが望まれると思うのです。

❖本務以外の仕事としての保健授業の担当

養護教諭が保健の授業を担当する場合、当該養護教諭は教諭又は講師として兼ねる（兼職）発令を受ける必要がありますが、このことは養護教諭にとって保健の授業をすることが本務以外の仕事であることを意味しています。

つまり、養護教諭の本務に支障がないように、言い換えれば、支障が起きないように状況を整備した上で、保健の授業を担当する必要があるのです。

元文部省の健康教育課教科調査官であった三木とみ子氏は、養護教諭のもつ専門的な知識や技能を活用するために講じられた措置（「旧教育職員免許法附則第十八項」）において、とくに強調したいことが三つあると、次のように述べています。（「教育職員免許法の改正と養護教諭が行う保健学習―養護教諭の職務の特質をどのように生かすか―」全国養護教諭連絡協議会での配布資料）

1．「養護教諭に対して教科を担任できるような道が閉ざされているか、開かれているか」これは、法律改正の問題である。

2．「授業を自分が持つか、持たないか」これは、学校の協力体制が取れるかどうかが大きなポイントとなる。

3．「授業ができるか、できないか（教科としての授業に養護教諭がかかわり、専門性を生かせるかどうか）」これは、養護教諭のそれぞれの資質の問題であり指導力が問われることになる。

すなわち、「持つか、持たないか」と「できるか、できないか」の二つの視点からの判断が必要であるというのです。前者は協力体制という学校組織の問題ですが、後者は資質という個人的問題です。

しかし、免許法の改正に際して、養護教諭のもつ専門的な知識と技能を活用する、というのであれば、個人的資質の問題を問うことには疑問を感じます。現状からみて個人的資質を問う必要があると考えたのであるならば、保健体育審議会答申に示されたように、「保健体育や保健」の免許状を有する養護教諭の活用のみに限定したほうが適切であったと考えられます。

ところで三木氏は、前述の三点に加えて、さらに次のような補足をしています。

「～自校の保健室の状況がどのようになっているのか、本来の担当者である『体育、保健体育』の担当者との調整と連絡をどのように図るか等、が重要なことである。

それぞれの養護教諭に望むことは自校の子供達と共に養護教諭のアイデンティティを確立する。

また、しっかり向かい合って、何が一番重要な課題なのか、どの課題に優先的にかかわるのか等を主体的に考え、判断する必要がある。」

「何が一番重要な課題なのか」「どの課題に優先的にかかわるか」について主体的に考え、判断するるという、まさに専門的な判断が要求されているのです。すなわち、これまで個人的な関心が優先されるという状況が、必ずしもなかったわけでもないということでもあります。

しかし、私が耳にすることからすると、問題なのは三木氏の主張するところの養護教諭による専門的判断というものが尊重された上で、任命権者又は雇用者によって保健の授業を担当するか否かの決定が下されているわけでもないということです。「私の知らないところで担当するように決められていた」というように、トップ・ダウン方式によって一方的に決定されているという声を聞くことが少なくありません。

改正の趣旨は、「養護教諭の有する知識及び技能の専門性を教科指導に活用する」ことにあり、しかも「本来の保健室の機能がおろそかになるような事態を招くことのない」ことに留意しなければならないのです。このことを原則として、関係者によって「話しあい」がもたれなければなりません。そうでなければ、改正の趣旨も生かされないのです。

この「話しあい」の場は、改めて養護教諭の仕事を理解してもらうよい機会でもあり、養護教諭自身が、自分の仕事を総括するよい機会でもあります。見方を変えるならば、養護教諭の力量や仕事が問われる機会でもあるのです。

心すべきことは、一人の養護教諭の対応（判断）が一人の養護教諭の問題だけにとどまらないということです。一度できあがった学校の体制や養護教諭のイメージを変えることは非常に難しいことです。

私の個人的見解を述べることが許されるならば、養護教諭の専門性を教科指導に活用しようとする前に、次の二点についてどの程度検討したのであろうか、ということを問いたいと思います。

それは、養護教諭による健康教育の充実にはみるべきものがあると考えているからであり、一層充実させるために必要なことは教科指導への活用ではなく、次のような別の施策を考えるべきであったと思っているからです。

一つは、養護教諭の参入とは別の方法で教科指導（保健科教育）の充実を図るすべはなかったのであろうかということです。

もう一つは、教科指導でなくして養護教諭の専門性を健康教育に活用する、つまり保健指導の充実を図ることはできなかったのであろうかということです。

たとえば、学習指導要領の教育課程の教科外に保健指導を位置づけ、そのための時間枠を明記するなどの施策です。また、教科指導においても兼務発令をしなくともＴＴ方式で積極的に関与していくことが可能な条件整備を図ることなどです。

❖養護教諭の有する専門性の活用

免許法の改正の趣旨で謳われたように、「養護教諭の有する知識及び技能の専門性を教科指導に活用する」ことが求められています。

ここでいう養護教諭の有する「知識及び技能」の専門性とは何を指すのでしょう。自明のようで、自明ではありません。この制度の確立をめざして議論した審議会の委員にとっては自明なことかもしれませんが、養護教諭本人にとっては必ずしも自明ではないように思えるのです。

つまり、改正の趣旨としては、養護教諭は医学・看護学系の知識及び技能において従来担当している保健体育教師よりすぐれていると考えてのことであろうと思います。後者の養護教諭本人にとって自明でないということには、おそらく、教員養成系大学・学部の養護教諭養成課程を卒業した養護教諭に相当するのでしょうが、自分たちを医学・看護学系と教育学系の間に存在すると位置づけ、両者とも中途半端であると考えてのことです。

これまで一般教諭の養成は学校種別に行われていました。つまり、小学校教諭は小学校教員養成課程の教育課程、中学校教諭は中学校教員養成課程の教育課程を履修しなければなりません。一方、養護教諭は養護教諭養成課程の教育課程を履修しなければならないことになっており、学校種別は関係ありません。これは、医療職の養成のスタイルであり、対象とする学問についての専門性を重視しています。学校教師の場合では、特別支援学校教員養成課程がこのスタイルです。

養成スタイルからすると、養護教諭は、医療職の養成スタイルに近いのですが、教員養成大学・学部に所属していることから、そうした専門性の意識が稀薄なのです。確かに、見方・考え方によっては中途半端という感はあるかもしれませんが、私にはこれを中途半端と意識することこそが、言い換えれば、専門性の意識の稀薄さこそが問題であるようにも思えるのです。もちろん、このことに関しては、私の所属する日本学校保健学会の会員の中でも議論がわかれます。学問的バック・グランドを医学系や看護学系にもつ会員には、こうした教員養成系大学・学部での養護教諭の養成に疑問をもつ人が少なくありません。

では、学校の教師の力量・資質として、何が要求されるのでしょうか。

大別するならば、きわめて常識的なことですが、「教師の人間性と子どもへの対応能力」と「教育内容、教材批判と教材化の能力」とをあげることができます。教員養成系大学・学部の教育課程からいえば、前者は教職科目がめざすことであり、後者は教科専門科目がめざすことです。学校種別に見れば、小学校教師は「教師の人間性と子どもへの対応能力」、高校教師になると「教育内容、教材批判と教材化の能力」が重要と主張する傾向があります。

では、養護教諭はどうなのでしょうか。

高校教師と同じような意識をもっているという考え方もできますが、必ずしもそうではないようです。私の個人的な見聞にすぎませんが、むしろ、どの学校種別で勤務しているかによって左右される傾向があるようです。

小学校勤務の養護教諭は子どもへの対応能力、高校勤務の養護教諭は教材化の能力が重要であると主張するのです。中学校勤務の養護教諭はその中間に位置づくようです。

理想的なことを言えば、保健の授業を担当する教師に要求される能力は両者についてです。したがって、両者の能力を高めるための研修に努めることが要求されます。しかし現実的には、既有の専門性の活用こそが求められていると思うのです。だとするならば、保健の授業を担当することが可能な教師どうしの話しあいによって、最高のチーム編成をめざすことがよいのではないかと思います。

養護教諭の専門性について独特の論を展開しているのが、友定保博氏です。次のように主張しているのです。（「養護教諭の専門性を活かすティーム・ティーチング」学校保健のひろば、第十二号、大修館書店、一九九九年）

「もし教科の保健授業を担当するとしたとき、養護教諭に期待されているのは『本当に子どもの現実に即した形で教えられる人』としてであり、健康や病気に関する知識を上手に、効率よく理解させるというこれまでの教科指導の能力ではなく、『保健の時間にしか教えられない教え方』という新しい指導能力である。」

「新しい指導能力のひとつは、養護教諭がもつ子ども理解や働きかけにおける『対話的能力』である。そうした固有の知識と技術を、ティーム・ティーチング等の場面で活かすことこそ大切なのである。」

このように述べ、養護教諭が保健の授業に参画する最大のメリットは、これまで養護教諭が保健室で「心と体の一体性」の回復の視点から対話を重ね、働きかけてきた成果や経験を活かすことであるというのです。そして氏は、ある養護教諭の言葉を借りて「教室のなかに保健室、そして養護教諭を持ち込む」ことこそ、いま求められている、と強調しています。

すなわち、前述の子どもへの対応能力、言い換えれば、ケアする専門性を活かすことが求められているのだと解することができます。

第3章

学校保健活動と養護教諭

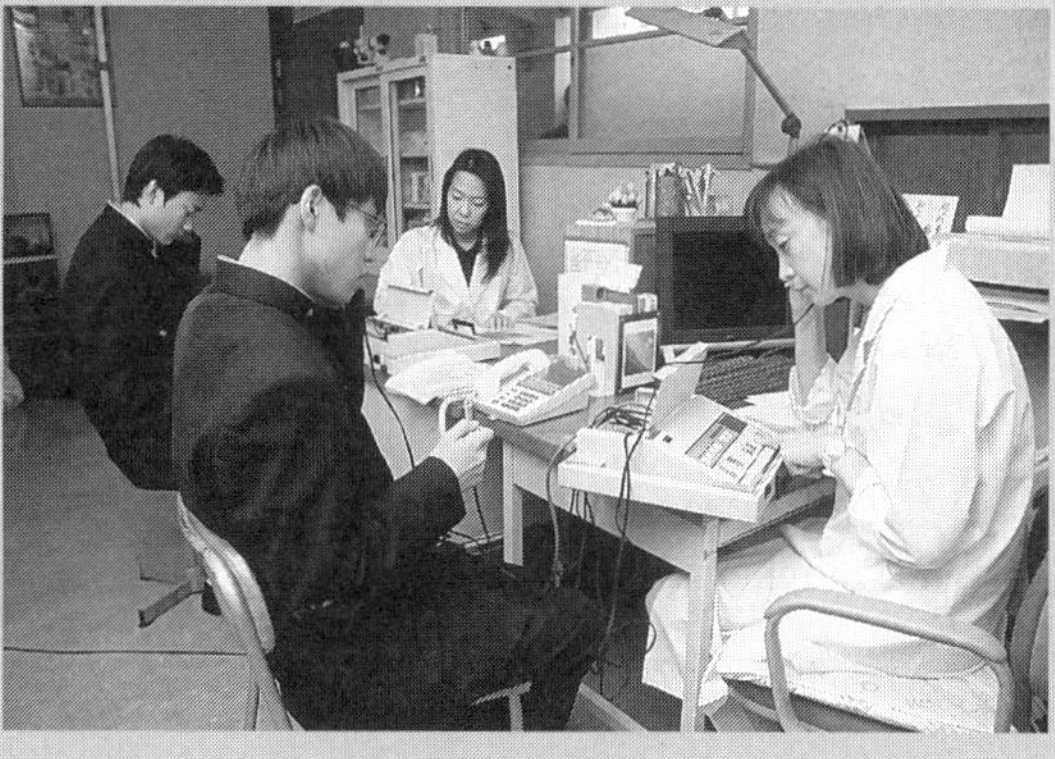

学校保健は、「保健管理」と「保健教育」の二つの領域からなるものであるという考え方が、一般的です。

保健管理は、主体管理としての「健康事業」、環境管理としての「学校環境衛生」、主体と環境を媒介する行動管理としての「学校生活」の三領域に区分して考えるのが一般的です。さらに、三領域の活動は組織的に展開しなければならないことから、そこに「組織」の領域を加えて考える場合もあります。

保健教育は、教科としての「保健授業（保健学習）」と教科外としての「保健指導」とに区分して考えるのが一般的です。平成十年告示の『学習指導要領』からは「総合的な学習の時間」を加えて考えるようになりました。ただし、文部省（現文部科学省）の行政改革により学校保健課が学校健康教育課に改編されてからは、保健教育という用語よりも健康教育という用語が使われるようになりました。

これらのもろもろの保健活動のすべてに、養護教諭が何らかのかたちでかかわることになります。

ここでは、近年の学校保健活動にみられる動向のうち、養護教諭が主要にかかわると考えられる活動について解説すると共に、問題点を明らかにし検討することにします。

1．主体管理をめぐる問題状況と課題

1．健康診断を考える

❖健康診断についての疑問文集づくり

教材づくりの方法として、疑問文集づくりの方法があります。その詳細については、藤岡信勝著『教材づくりの発想』（日本書籍、一九九一年）を参照していただくことにして、ここでは簡単に説明しておきます。

疑問文集づくりは、藤岡氏が教材づくりの方法として提案しているものです。普段、特別不思議だとも思わないようなことにも疑いの目を向け、「なぜだろう」と考えてみると、意外な問題にぶつかることがあり、そういった疑問を集積して教材づくりに役立てることができるというのです。

私は、以前この方法を導入して、大学での学校保健の授業の際に、学生に「学校における健康診断に関して浮かんだ疑問」を三十ほどあげさせたことがあります。そのごく一部を紹介しますと、次のような疑問があげられました。

A　何の目的で、学校において健康診断を行うようになったのか。
B　なぜ検査項目が増えたり減ったり、変える必要があるのか。
C　どこの国でも日本と同じように、学校で健康診断を行っているのだろうか。
D　座高を測ることによって、何がわかるのか。
E　健康診断というが、本当に健康かどうかがわかるのか。
F　健康診断は、一年に一回すれば大丈夫なのだろうか。
G　受けたい希望者だけが、受ければよいのではないか。
H　学校の健康診断では、なぜ血圧測定がないのか。
I　最近は心の健康というが、心の健康状態は診断できないのか。
J　身長はもう伸びていないのに、何時まで測定する必要があるのか。

おそらく、子どもたちはこのような疑問を抱きながら、健康診断を受けているわけではないでしょう。しかし、いま改めて、子どもから出された疑問を見なおしてみると、私自身も「なるほど、どうしてなのだろう」と考えてしまうものが少なくありません。

こうしたことは、子どもにかぎらず、健康診断を毎年必ず実施しているであろう、当の養護教諭にとっても同じことのようです。あまりにも当たり前のこととして実施しており、「なぜ？」と自問することがあまりないので、子どもから問われると戸惑い考え込んでしまうのです。

藤岡氏が紹介しているのですが、社会学者の加藤秀俊氏は、精神の自立を支える一つの要因として、「ものごとをありのままのものとして受け入れず、つねに『問い』を発することのできる能力、とりわけ、『なぜ？』を問うことのできる能力」をあげています。（『人間開発』中公新書、一九六九年）

「なぜ？」と問うことは、そこで一つの問題を発見することでもあります。ところが、いまの日本人にとっては、「なぜ？」と問うことがいささか困難なのだ、と加藤氏は次のように述べています。

「なぜなら、日本における教育というのがこうした自発的な問題発見を奨励するどころか、むしろ抑圧することをその基本にしているからだ。……とにかく日本の教育は、とりわけ学校教育はそれぞれの個人がもっているすばらしい問題発見能力をおしつぶすことにのみ専念しているのである。」（『取材学』中公新書、一九七五年）

加藤氏がこのような指摘をしてから三十年以上もの月日が経っているのにもかかわらず、昨今では、その三十年以上前よりも「なぜ?」を問う能力が、一層衰退しているように思われます。近年になってようやくその問題性に気づき、教育改革において課題解決能力などが必要だと強調されるようになりました。平成十四年から実施されている「総合的な学習の時間」は、まさに子どもたちの問題発見能力を育てようという試みのあらわれだと言うことができます。

このことについて議論を展開しようというのが、ここでの趣旨ではありません。

子どもの健康診断に関する疑問を掘り起こす、ればかりでなく、養護教諭の健康診断に関する疑問を掘り起こすことが、これまで当たり前のこととして受けたり、実施したりしている健康診断を見なおすきっかけとなるのではないでしょうか。そうすれば、それを契機として、健康診断の意義を再確認することができ、より意義あるものに改善していくことができるはずです。

したがって、こうした疑問文集づくりの作業は、健康診断の在り方を見なおすよい機会となるばかりか、その改善にも役立つはずなのです。

「問いかける」ということは、非常に生産的なことですが、非常にエネルギーを必要とすることでもあります。また、生産的なことだからといって、諸手をあげて歓迎されるとはかぎりません。むしろ、規則として決められていることに対して「なぜ?」と問いかける前に、まず、決められていることを効率よく、しっかりやることの方が大切であると指摘される、あるいは、そう考えて自己規制してしまうことが少なくありません。

しかし、このようなことで、よいはずがありません。

❖嫌われる健康診断

『学校保健大事典』（ぎょうせい、一九九六年）の「健康診断」の項をみると、次のように記されています。

「健康診断は、学校保健の体系の中で、学校保健法を根拠とする『保健管理』の分野に位置づけられているが、教育課程編成の観点からは、特別活動の健康安全・体育的行事に位置づけられる。ここでは健康診断を学校保健の『保健管理』の観点から取り扱うこととする。」

健康診断は、学習指導要領によって紛れもなく教育課程、つまり教育活動・課程として位置づけられているのです。特別活動の目標は、次の通りです。

「集団や社会の一員としてよりよい生活を築こうとする自主的、実践的な態度を育てる。」

先の疑問文集づくりのところでもみてきたように、健康診断が教育課程の中に位置づけられているにもかかわらず、特別活動としての健康診断は、子どもからも、養護教諭からも、そうした意識のもとに展開されていないということを考えると、不当な取り扱いを受けていると言っても過言ではありません。

以前、大学生に「これまでに受けた健康診断について」というテーマを与え、作文を書かせたことがあります。

小学校低学年までは、「身長がどれだけ伸びたか、体重がどれだけ増えたか」といったことが「楽しみだった」「待ち遠しかった」という感想がみられますが、高学年になると教師によって「受けさせられるもの」であるにすぎず、「嫌な思い出ばかり」という感想ばかりなのです。

女子学生にいたっては、受診時の男子教師の目が「嫌なもの」であり、「恐怖ですらあった」などというようなプライバシーにかかわる問題をあげることも少なくありません。

そしてまた、養護教諭からも消極的・否定的な声が多く聞かれます。

健康診断の際には、校医の苦情と教師の苦情が多いので、いかに静かに能率的に進めるかが深刻な課題であると聞きます。校医の機嫌をとらなければ、健康診断がうまく進まないといった声も少なくありません。また、この期間中は、準備と事後処理のために超多忙を極め、疲労困憊に陥ってしまい子どもに目が届かなくなると、嘆く養護教諭も少なくありません。

どうやら、現在の学校健康診断は、養護教諭一人の腕にかかっている場合が少なくないようです。

しかも、教育課程の中に位置づけられながらも、学校行事としての位置づけが弱く、組織的に運営されていないのです。

本来、教育活動として行われるべき健康診断が、教育活動としての意義を失ってしまっているのです。むしろ、子どもたちの健康診断に対する消極的な、否定的な意識を知れば、その消極性において非教育的なものになってしまっていると言っても過言ではありません。

❖学校における健康診断の性格

学校における健康診断が、そのようなものであってよいはずがありません。

たとえば、平成元（一九八九）年、日本学校保健会に設けられていた健康診断の改正（学校保健法施行令や施行規則）を狙いとする健康診断調査研究委員会は、「学校における健康診断の性格」を次のように述べています。

1. 学校という教育の場で行われる健康診断は、疾病や異常の発見だけでなく、健康の保持増進を目指して行う健康状態の評価であって、地域の医療機関における個人を対象にした健康診断や疾病の診断とは趣が異なっている。（筆者注・趣が異なるとは、スクリーニングであるということです。）
2. 健康診断は、心身の発達の途上にある児童生徒の定められた時点における断面的な健康状態の評価を行っている。（筆者注・日常生活の中での健康観察も重要と言っています。）
3. 健康診断は、検査によって健康上の問題を発見するだけでなく、見出だされた問題をどのように管理し、さらに指導や教育へと展開していくかが必要である。
4．健康診断には、その結果を児童生徒等ひとりひとりの保健指導へと結びつける。

そもそも健康診断は、全国民を対象とする公衆衛生活動のうちの一つで、「地域」「学校」「職場」等いくつかの場所で実施されることになっています。学校における健康診断は、このうち「学校」において行われるものとして位置づけられているのです。しかしそれだけでなく、学校は教育するという「機能」をもっており、その機能にふさわしい健康診断の在り方が提言されています。

学校健康診断は、「場」の概念で言うならば「学校における健康診断」であり、「機能」の概念で言うならば「教育としての健康診断」ということができます。そして、学校における健康診断は学校以外、たとえば地域においても代替え可能ですが、教育としての健康診断は学校健康診断固有のものとも言えるのです。

教育としての健康診断において重要なことは、前述してきた「子どもは健康診断そのものから、そして健康診断を通して、何を学んでいるのか?」という問いに答えられるような学習経験を、子どもたちに与えることです。

つまり、学校保健の目標の一つは、健康について教えること、具体的には自主的健康管理能力の育成をめざすことであり、特別活動の目標であるよりよい生活を築こうとする自主的、実践的態度を育てることをめざしているのです。

だとするならば、健康診断はこうした目標を達成する最適な教材、最適な学習の場であり、機会であると考えなければなりません。

実際、こうした問題意識をもって、毎年の定期健康診断に取り組んでいる養護教諭もいるのです。たとえば、その一人として東京都渋谷区の小学校の養護教諭である宍戸洲美氏（現帝京短期大学教授）をあげることができます。子どもたちが「受けさせられている」健康診断から、「自分から受けてみたくなる」ような健康診断への改善を試みているのです。

氏は、次のように主張しています。

「インフォームド・コンセントということが言われるようになったが、その出発点は子どものときから、医師に対して自分のからだや保健の問題を聞き納得して診断や治療を受ける感覚を養うことが必要であり、健康診断はもっともよい機会である。」（第六回日本教育保健研究会において報告された共同研究最終報告「健康診断に関する研究」資料から。一九九九年）

そしてまた、私の知るもう一人をあげるならば、お茶の水女子大学附属中学校の養護教諭である、山梨八重子氏（現熊本大学准教授）です。

氏は、次のような目的意識をもって健康診断に取り組んでいると言います。

「子ども自身が自分の権利として自分の成長や体の状態、働きをとらえ、どのような生活を組み立てていけばよいのかを問い直していくこと、そのためにどのような社会的な援助を要求すべきかを捉えていく力を育てる出発点として、健康診断は機能しなければならない。」（前掲、「健康診断に関する研究」資料から）

❖教育としての健康診断

教育としての健康診断の特徴の一つは、前述してきたように、健康診断を教育活動・教育課程の一部として位置づけ、それが「学習の場」となり得るということです。これは学校保健の目標の一つであり、養護教諭の果たす機能の一つでもあります。

そればかりでなく、もう一つ、健康診断が子どもの健康を守り、保持増進することにどうかかわり、活用されているかが問われなければなりません。

学校保健安全法（第十四条）および同施行規則（第七条）によって、次のような措置をとらなければならないと定められています。

一　疾病の予防措置を行うこと

二　必要な医療を受けるよう指示すること

三　必要な検査、予防接種等を受けるよう指示すること
四　療養のため必要な期間学校において学習しないよう指導すること
五　特別支援学級への編入について指導と助言を行うこと
六　学習又は運動、作業の軽減、停止、変更等を行うこと
七　修学旅行、対外運動競技等への参加を制限すること
八　机又は腰掛の調整、座席の変更及び学級の編成の適正を図ること
九　その他発育、健康状態等に応じて適当な保健指導を行うこと

さらにもう一つ、健康診断が子どもの発達を保障することにどうかかわり、活用されているかが問われなければなりませんが、それには四～九の教育的事後措置が深くかかわっています。しかしながら、それは健康診断の結果を教育的事後措置に活用するということであって、子どもの発達を保障するためや学習権を保障するために、健康診断の検査の項目と方法をどうすればよいかまでは検討されていないのです。

このことに関しては、ほぼ三十年弱前に小倉学氏がすでに『学校保健』（光生館、一九八三年）の中で、「今後の問題」として述べています。

「今後は、病気があるかないかだけをみる健康診断にとどまらず、個々の子どもの学習者として

の資質や特性を把握する教育診断の一環として、健康面からの個性を把握できるように改善をはかり、意図的に教育への寄与を高めていくことが必要であろう。」

残念ながら、現在でも、この指摘がなされた当時の状況とほとんど変わってはいません。

数見隆生氏は『教育保健学への構図—「教育としての学校保健」の進展のために』（大修館書店、一九九四年）の中で、「健康診断を教育的視点からみなおす」の項を設け、次のように述べています。

「学校で行っている健康診断は、たんに医学サイドの仕事を学校が肩代わりしているのではない。教育の責任と役割において行っている論拠とそれに裏打ちされた実践的事実を明確にし、医学的健康診断への問題提起をしていかねばならないと思う。」

数見氏の言うように実践的事実、つまり健康診断の結果から得られた事実を明らかにしなければなりませんが、その実践的事実を裏打ちすることのできる科学技術の研究が望まれます。それは、小倉氏のいう「教育診断」にかかわる科学技術の発展普及なのです。

さらに小倉氏以前にも、一九五六年に東京大学教育学部に在籍していた海後宗臣氏が、次のように「教育生理学」の必要性を主張しています。この教育生理学こそ「教育診断」の基礎的研究領域と考えることができます。

「教育実践の基礎となる必須な研究領域としては、教育される対象についての精神活動と身体活動との二つがある。この基礎的な研究が十分に築かれていなかったならば如何なる方法で教育するかを科学的に究明することはでき得なくなる。このための教育実践に最も近接した研究分野として、精神についての教育を研究しているのが教育心理学である。からだについて研究するのは教育生理学にあたる分野である。からだについての教育科学的な研究は、まず基礎的研究である教育生理学において進められなければならないのである。」

❖「わたしと健康診断」から「わたしの健康診断」へ

「わたしと健康診断」から「わたしの健康診断」へ、というときの「と」と「の」の違いについては改めて説明する必要はないと思いますが、「わたしと健康診断」の場合、健康診断は三人称の世界です。それに対して、「わたしの健康診断」の場合、健康診断は一人称の世界であると言うことができます。

すでに紹介したことですが、子どもたちにとって、これまでの健康診断は「受けさせられているもの」「受けなければならないもの」であり、健康診断に対する消極的姿勢（受ける客体）において際立っていたと言えます。

私は、子どもたちの健康診断に関するこうした消極的姿勢を、「受けたい」という積極的姿勢（受ける主体）へと転換させねばならないと主張したいのです。

そこで、「子どもたちは、健康診断を受けながら何を考えているのであろうか、どう感じているのだろうか、どんな気持ちになっているのであろうか」ということを、改めて問いなおしてみることをお薦めします。

一見、簡単なことのように思えるその問いなおしから、先にも述べたことですがいろいろなことを学ぶことができるのではないでしょうか。

このことに挑戦している宍戸氏や山梨氏の実践については、すでに紹介しました。

おそらく両氏とも、常に子どもの声に耳を傾けてきたに違いありません。「子どもたちにとって健康診断とは何か」と自問したとき、それに対する子どもの声が聞こえてきたに違いないのです。そして、子どもを「健康診断の主人公」にしようと心がけているのです。

いま、教師による知識の伝達を子どもがただ受容すればよいといった学習観の変革が求められ、「文化的実践への参加としての学習」が叫ばれています。健康診断も同一歩調をとればよいのです。「文化的実践への参加としての健康診断」が慎重に検討されるべきです。

2．健康相談活動を考える

❖健康相談活動にまつわる不安

第一章において、「ヘルスカウンセリングを担う養護教諭」と題して、保健体育審議会答申のかかわりでヘルスカウンセリング、つまり養護教諭の行う健康相談活動について論じてきました。

ここでも再び、健康相談活動にまつわる状況と課題について考えたいと思います。

養護教諭の健康相談活動において果たす役割への期待が高まる一方で、少なからぬ養護教諭が、悩みを抱え来室する子どもたちに、どう対処してよいものか暗中模索している、というのが現状のように思えるからです。

養護教諭の先生方の話しを聞くと、自分が子どもたちに何をしてあげられるのか、不安に思っているようです。何とかしなければとの思いから、カウンセリングの技法を身につけようとマニュアル本を読んだり、研修に参加したり、サークルで話しあいをしたりと真剣に取り組んでいます。にもかかわらず、こうしたことが本当に有効なのだろうか、と気になることも少なくないようです。

私は、こうした状況にある養護教諭の先生方に、もっと勇気と自信をもっていただきたいと思っています。

ここで論ずることは、これまで『学校保健のひろば』の巻頭言として述べてきたものに加筆訂正を加えたものです。

季刊誌『学校保健のひろば』（大修館書店）は、筆者が編集代表となって一九九五年の冬号からスタートしました。すでに五年が経過しましたが、二十巻のうちの三巻の特集が次に示すように「養護教諭による健康相談活動」と関連のあるものです。もちろん、これはあくまでも相対的な比重の問題であって、養護教諭を対象とした季刊誌なのですから、毎号とも何らかの意味で健康相談活動と関連する論文が掲載されていることは言うまでもありません。

1. 養護教諭とスクールカウンセラー　第五号、一九九七年
巻頭言　支援協力体制づくり―子どものメンタルヘルスのための論議を！

2. 養護教諭による健康相談活動を考える　第十一号、一九九八年
巻頭言　養護教諭による健康相談活動への期待

3. スクールカウンセリングにおける養護教諭の課題を探る　第十八号、二〇〇〇年
巻頭言　学校の心理・社会的環境づくりも期待する

❖子どものメンタルヘルスのための支援協力体制づくり

ここ十数年ばかり、メンタルヘルス岡本記念財団の助成金をもとに、養護教諭を対象にして「学校カウンセリング講座」を企画開催しています。この財団の存在は、一般的にはあまり知られていないようですが、二十数年前に株式会社ニチイ（現在の株式会社マイカル）の副社長であった岡本常男氏（現在、財団理事長）によって創設されています。岡本氏は、自身の神経症による悩みや苦しみを友人から薦められた森田療法関係の本を読むことによって克服したことから、その喜びを多くの人たちと分かちあいたいという思いを抱き、財団創設を思い立ったと聞いています。

講座を開くたびに考えさせられることは、養護教諭のメンタルヘルスに関する研究意欲の旺盛さです。おそらく、それだけ厳しい状況に立たされているということなのでしょう。

そしてまた、参加している養護教諭からも、自分も神経症的悩みをもっていた、神経症について誤った認識をもっていた等、講義を聞いたことによって、多くの新たな発見をしたという声をよく耳にします。この事実は、以前に比べれば、研修の機会がずいぶん多くなってきたとはいえ、いまだメンタルヘルスに対する理解がじゅうぶんなものでないことを物語っています。

こうした状況の中で、いま、スクールカウンセラーの導入が広がっています。

校内唯一の保健専門職にある養護教諭が、これまで果たしてきた役割を踏まえ、スクールカウンセラーはどのように機能していくのでしょうか。両者がどのような関係のもと、どのように機能していけばよいのかを積極的に検討しなければなりません。

これまで養護教諭と校医、保健主事、校長などの管理職、そして担任教師と、それぞれの関係において、トラブルの質や量の違いはあるにしろ、いろいろと問題が生じています。そうした問題は、すなわち、協力関係の破綻ということができるでしょう。

そうなった時、もっとも不幸なことは、主人公であるはずの「子ども」が忘れさられてしまうことです。たとえば、養護教諭の立場、校医の立場というそれぞれの立場のみからの論議が展開されることが少なくありません。それだけに、これまでのこうした過ちを教訓として、子どものメンタルヘルスの問題を解決するために養護教諭とスクールカウンセラーとの関係（支援協力体制）はどうあるべきかを、あくまでも主人公である「子ども」に焦点を当てて真剣に議論されることが望まれます。

またこの際、メンタルヘルス問題の予防、さらには増進（自己探究であり、健康な人間づくり）ということにも視点が向けられることが望まれます。

否、このことがもっとも大切な目標であるとも考えられるのです。

ところで、いま、いろいろな調査から明らかになっていることは、子ども、とくに中学生にとっての最大のストレスは「人間関係」に起因しているということです。いまの子どもたちは、人間関係の耐性やトラブルの対処能力が低く、それゆえ傷つきやすいと言われています。時には、教師が、養護教諭が、無意識的ですが加害者となっていることもあり得るのです。

こうした問題を考えるとき、「学校に行くこと」の価値自体が「相対化」されてしまっているということも考慮しなければならないと思います。

「学校を絶対的・聖的な場とイメージする文化（共同観念）が減退をたどり、それに応じて個々の子どもたちを理屈ぬきに学校へ向かわせる無意識の力もよわってしまった。」（滝河一広氏）

このように言われますが、これまでは「学校に通うこと」が自明な価値として、つまり誰にとっても疑うことなく、当たり前なこととして受け入れられていたのです。

そうした状況下で育ってきた教師自身が認識を変え、今日のような状況に対応することはそう容易なことではありません。

余談になりますが、ひょっとするとこのように考えているのは、いまではもう私の年齢に近い人たちだけなのかもしれません。

過日の北京オリンピックに学校教師が、自分の子どもに学校を休ませ、オリンピック観戦に連れて行っています。その先生は、学校での一週間の生活よりオリンピック観戦の一週間のほうが子どもにとって価値ある体験である、と話していました。

もとに戻りますが、この困難な課題への取り組みは緊急の課題です。

まず、暗黙の了解でもあった、「なぜ学校に行くのか」「なぜ、学ばなくてはならないのか」ということを子どもたちが理解できるように、考えなくてはなりません。子どもにとってみれば、学ぶことの「意味」や「目的」があいまいなままに勉強しろと言われてもストレスがたまるだけですから、自己イメージを明確にする心理教育的支援も必要なのです。

すなわち、子どもたちが「自分はどんな人間になりたいのか」「どんな人生を生きたいのか」というイメージを膨らませるということを支援する取り組みです。今日では、こうしたことまでをも踏まえた、支援協力体制づくり（コーディネーション）が必要となっているのです。コーディネーションとは、「いくつかのものを調整し、それぞれを生かし、全体として質を上げる」（石隈利紀氏）という意味です。

このコーディネーションは、いったい誰の仕事なのでしょうか。

今日の子どものいろいろなメンタルヘルス問題に気づき、取り組んでいる養護教諭こそが提言できることではないでしょうか。専門家が連携するためには、それぞれの領域（権限と責任の明確化）を明示し、承認しあい、それぞれが自分のプロフェショナル・アイデンティティに誇りがもてる状態にすることが大切であると言われています（國分康孝氏）。

そのためには養護教諭が過去に保健体育審議会「答申」で指摘された、企画力、実行力、調整能力を身につけているかどうかが、いま、問われているのです。

❖養護教諭による健康相談活動への期待…どこにでも「心の居場所」を

平成十（一九九八）年三月に発表された中央教育審議会の「新しい時代を拓く心を育てるために」

（中間報告）の中に、次のような一文がみられます。

「保健室は『心の居場所』とも言うべき姿になってきている。そして、養護教諭は、悩みや訴えを聞いたり、身体的不調の背景に目を向けることを通じて、子どもの発する様々なサインに早くから気づくことができる立場にある。～中略～養護教諭の健康相談活動（ヘルスカウンセリング）の役割はますます重要となってきている。」


前年度の保健体育審議会「答申」にも同じような趣旨の一文がみられました。

現在、学校において保健室が「心の居場所」ともいうべき姿になっているのは紛れもない事実です。この事実を、養護教諭がどう受けとめ、どう対応しようとするかによって、健康相談活動の目標、内容、方法に大きな違いが生じてくるのではないでしょうか。

もちろん、これは養護教諭一人の問題ではありません。養護教諭は、子どもと接する教師や父母が抱く、養護教諭や保健室に対する要求にも耳を傾けるように努めなければなりません。そして、もしも養護教諭が抱く保健室へのイメージと教師や父母が抱くイメージとに齟齬があるならば、養護教諭は積極的に統一を図らなければならないのです。

保健室に来る子どもたちは、保健室にどのような対応を求めて、言い換えれば、要求をもってくるのでしょうか。それらの要求には、子どもたちにとって意識されているものもあれば、意識されていないものもあるはずです。

たとえば、「頭が痛い」という子どもの訴えの中には、「頭の痛みをとめてほしい」という要求とともに、「頭の痛みの原因を見つけ出してほしい」という要求、さらには、「私や友だちが二度とこのような痛みを経験しないですむように予防処置を教えてほしい」といった要求も含まれているはずです。

「痛みをとめてほしい」という要求の背後には、「はやく学習に参加したい」「はやく友だちと遊びたい」といった多様な要求が隠されているのです。これに対して、「痛みをとめてほしい」という要求のみに対応した処置しかとらなかったとすれば、それは片手落ちと言わざるを得ません。

しかし、実際には、健康相談活動とは訴えに対応すればそれでよいのだ、と考えている養護教諭も少なくないように思えます。

自分たちにとって、安心のできる「心の居場所」は保健室しかないと考えている子どもたちは少なくありません。そうした子どもたちを保健室で守ってやるのが、養護教諭の重要な仕事と考え、「心の居場所」を保健室に求めてくる子どもたちの要求に応えることのみが、健康相談活動だと考えているのです。

私には、そうした子どもたちの声なき要求として「保健室以外にも心の居場所がほしい」とか、「心の居場所を取り立てて確保しなければならないような状況をなんとかしてほしい」といった要求があるように思えてなりません。

保健室を「心の居場所」と命名したのは誰なのでしょうか。すばらしい発想のもち主には違いありません。しかし、よくよく考えてみると、これほどおかしな表現もないように思えてくるのです。

「心の居場所」が保健室であるならば、「体の居場所」はいったいどこなのでしょうか。子どもたちの多くの要求に、養護教諭一人で応えようとしてもできるはずがありませんし、それも当然なことです。しかし、保健室にはこうした問題を提起できる、さらには問題解決の方法にヒントを与えることのできる多様な資料（証拠）が蓄積されているはずです。これらの資料をもとに、子どもの「心と体」について教師、父母、さらには地域の人たちと学習しあえば、展望をもてるように思えるのです。

私は、健康相談活動というものはこうした積極的な活動までも包含したものでなければならないと考えています。山本和郎氏のいう修理モデル的視点のみではなく、成長・成熟モデル的視点での取り組みです。（表1参照、「序にかえて」村山正治、山本和郎『スクールカウンセラー』所収、ミネルヴァ書房、一九九五年）

養護教諭には、健康相談活動の一環として子どもの健康課題を教育課題として、あるいは、教育課題を健康課題として捉えなおし、教師、父母、地域の人たちと共に考え、活動するリーダーであり、コーディネーターであることが期待されているのです。

こうした教育課題の保健的解決の視点が、今日的な健康課題の真の解決となるのです。

國分康孝氏は、養護教諭は健康教育担当の教育者であり、「教育とカウンセリングの両方になじみのある教育の専門家」である「教育カウンセラー」であり得ると言います。そして、前章で紹介した「育てるカウンセリング」の普及定着が図られるならば、教育を活性化することができると主張しています。

学校において、こうした取り組みができる唯一のプロが養護教諭であり、養護教諭がプロとして活躍したとき、保健室＝「心の居場所」という表現は死語となっていくのではないでしょうか。

表１　心の問題への２つのアプローチ

修理モデル		成長モデル
症状の管理		発達課題
症状の除去		心の成長・成熟
（医師）		（臨床心理士・カウンセラー）
コントロール	——	意味の理解
自然科学的アプローチ		解釈学的アプローチ
自然の支配		自然と共に
対象化	——	共感的理解
主・客の分離		参加の意識
Doing	——	Becoming, Being
能率、効率、無駄を切る		見守る、待つ、支える
男性原理	——	女性原理
切る		包む
直線的時間、変化	——	円環的時間、変化
進歩、生あるのみ		死と再生
研修、訓練、指導	——	気づき、自己を知る
光の世界	——	影の世界
意識		無意識
組織で活躍している部分		活躍できていない部分
私と思っている私		もう一人の私
Active な知（働きかけの知）	——	Passive な知（受身の知）

前章で紹介した、養護教諭である中坊伸子氏は、次のように主張しています。

「養護教諭は、子どもの代弁者となり他の教師や専門家、保護者と連携して子ども支援のネットワーク作りのキーパーソンとしての役割ももとめられるようになった。しかし、保健室だけが

『こころのオアシス』などと称して、孤軍奮闘するだけでは解決できない。今、教育現場で必要なことは、まず教師集団の協力体制を作り、内部での連携を進めていくことである。同時に広く社会的資源に目を向け、他領域の専門家や専門機関との連携をもとめていくことが必要不可欠である。」（「学校精神保健の現場で何ができるか」こころの科学九四、日本評論社、一九九八年）

❖学校の心理・社会的環境づくりも期待

学校教育の根幹をなすのは教科指導と生徒指導の二本柱です。前者を指導サービス、後者を援助サービスということもあります。両者は相補いあうものですが、指導サービスの中心は教師が担い、指導サービスの中心は生徒指導係や教育相談係と養護教諭が担ってきました。

平成七年四月から試行的ではありますが、援助サービスにスクールカウンセラーが加わることになりました。（文部省（現文部科学省）による「スクールカウンセラー活用調査研究委託」）このスタートは、いじめ、校内暴力、登校拒否、中途退学等の生徒指導上の諸課題を解決するために専門的立場（臨床心理）から寄与することが期待されてのことです。この事業は六年目、つまり平成十二年度で終了し、十三年度からは新しい制度が始まっています。

学校臨床心理士ワーキンググループがスクールカウンセラー事業について、全国規模のアンケート調査を実施した成果を明らかにしていますので、参考までに二、三紹介しておきます。

1．スクールカウンセラーの効果では「教師への援助」（「学級担任の負担が軽減され、授業に専念できる」など）、「親や児童生徒への援助」（「成績評価とは関係ないので子どもや保護者は気楽に話せる」など）、「専門的貢献」（「教師とは異なった専門的見方を知ることができる」など）の三つの因子が確認された。

2．スクールカウンセラーの活動領域では、面接、コンサルテーション、コーディネーター活動、研修・講演問題への対応、の四領域が共通していることが確認された。

3．指導上の葛藤（「子どもや親が特別扱いを受けているような気持ちになる」など）、教師のジレンマ（「教師には自分の力だけで解決したいという思いがあるので相談をしにくい」）、利用上の制約（「来校日数が少ないので、いざという時利用しにくい」など）の今後の課題もみられた。

（村山正治「スクール・メンタルヘルスとスクールカウンセラーの活動」教育と医学、七月号、二〇〇〇年）

ところで、平成九年九月の保健体育審議会『答申』の中で、援助サービスを担う「養護教諭のヘルスカウンセリング（健康相談活動）が一層重要な役割を持ってきている」との指摘がなされました。その理由としてあげられたのは、別のところですでに紹介しましたが、次のようなものでした。

「児童生徒の身体的不調の背景に、いじめなどの心の健康問題がかかわっていること等のサインにいち早く気付くことのできる立場にあること。」

ここで紹介することは省きますが、養護教諭の行うヘルスカウンセリングの特徴についても言及がなされています。

この答申を読むかぎり、スクールカウンセラーと養護教諭が援助サービスで果たす役割（立場）と使用する技法には、それぞれ違いがあります。したがって、仕事の上での任務分担も、理論的に考えれば、スクールカウンセラーは子どもの学習面（学び）、心理・社会面（自己や他者とのつきあい）、進路面（生き方・あり方）などの援助サービス、養護教諭は健康面での援助サービスと比較的明確に線引きすることができます。

しかしながら、私が見聞するかぎりにおいて、現実にはそう簡単には言いきれないところがあるようです。養護教諭が「体を通して心をみている」というように、学習面、心理・社会面、進路面と健康面とは深くかかわっているからです。

そしてまた、養護教諭が果たしてきた役割・機能は、歴史的にみるならば、個人的要因、学校要因、そして社会的要因などによって複雑に影響を受け、それも長い間、かなり個人的な振幅の差が大きなものでした。言い換えれば、養護教諭が果たしていた仕事は、その内容、質といった面で個人差がきわめて大きかったということです。

しかし今日では、養護教諭としての専門性が確立し、それぞれ個性的ではありますがその振幅の差、つまり個人差は従来に比べて小さくなったと思います。

私の専門外ではありますが、スクールカウンセラーもこれから何年間かは養護教諭の歩みと同じようなステップを踏んでいくように思えます。スクールカウンセラーは、それまでの経歴における個人差というものがかなりあり、この違いは非常に大きいと思うからです。

たとえば、「スクールカウンセラー配置状況」資料（全国養護教諭連絡協議会）をみると、スクールカウンセラーの資格を臨床心理士に限定している都道府県が半数強ですが、その他は多様です。臨床心理士の経歴も、教育関係から医療関係、さらには司法関係などと多岐に渡っています。

したがって、それまでの職場の違い等の個人差の大きいスクールカウンセラーと養護教諭が、それぞれの役割をいかに分担し協力関係を結べるのかという、お互いがお互いをよく知ることからスタートすることが必要なのでしょう。

このことにかかわって、もう一つ指摘しておきたいことがあります。これが、先に指摘した個人的な振幅の大きさにかかわってきます。

山本和郎氏の表現を借りれば、「働きかけの知としての修理モデル」と「受け身の知としての成長モデル」のどちらを重視してサービスを展開するかということです。これは、スクールカウンセラーばかりでなく、養護教諭についても言えることですが、山本氏は、両方が相補うものであり、二つの知を使いわけていくことが大切であると述べています。

ともあれ、スクールカウンセラーにはこれまでのカウンセラーとしての枠組みを超えた広い視点と方法をもっていただきたいと思っています。保健室は「心の居場所」と言われていますが、私は相談室がもう一つの「心の居場所」となることを期待しているわけではありません。そしてまた子どもも、教師も、父母も、私と同じような思いを抱いていると思います。

養護教諭、そしてスクールカウンセラーに要求したいことは、個人的な問題への対処や解決ばかりでなく、教室や学校を心の居場所にすることにも取り組んでほしいということです。

みんなが安心して、意欲的に楽しい学校生活のできる心理的・社会的環境づくりに対するコンサルテーション活動をも期待しているのです。

❖いじめや不登校は心理学的問題か社会学的問題か

前項において、スクールカウンセラーに対して、子どもたちが安心して、意欲的に楽しい学校生活のできる心理的・社会的環境づくりに対するコンサルテーション活動を期待していると述べました。

しかし、このことは過度の期待であるのかもしれません。

佐藤学氏は著書『教育改革をデザインする』（岩波書店、二〇〇〇年）の中で、「〈いじめ、不登校は心のケアによって解決できる〉という〈常識〉は、根拠のない〈俗論〉であり、批判的に検討を必要としている」と述べています。

さらに氏は、次のように断じているのです。

「この俗論を基礎としてスクールカウンセラーが学校に導入され、臨床心理の専門家が学校の救世主として活躍することが期待されている。しかし、教育の危機的現象を精神分析や臨床心理学によって心理化し私事化して認識し対処するのは、それ自体が、今日の教育改革の深刻な病理現象である。いじめ、不登校を始めとする教育の危機的現象のほとんどは、心理学的な問題ではなく、社会的な問題であり制度的な問題である。」

心のケアを重視している、今日の学校保健のあり方に対して、きわめて批判的であるということができます。

こうした問題点の指摘は、「教育改革国民会議」の委員であり、会議では少数派であったと評されている藤田英典氏も『教育改革—共生時代の学校づくり』（岩波新書、一九九七年）において、すでに述べていることなのです。

たとえば、次のように述べています。

「カウンセリング活動を通じて、いじめや不登校の個別的な原因をある程度解消することができても、いじめや不登校の発生基盤をかえることができるわけではない。」（傍線は筆者）

私たちには、カウンセリングによって、いじめや不登校などの問題を解消できる、つまり発生基盤をも変えることができるといった気分になっているところがあります。

しかし、カウンセリングによってさまざまな心的悩みを抱える子どもへの対応はできても、発生基盤を変えることは、確かにできないのです。

保健体育審議会の答申をみても、子どもの重要な健康問題の一つが「心の問題」であると捉え、しかも佐藤氏と藤田氏の両氏が指摘しているように、その心の健康問題の要因は社会的問題であると捉えられています。

ところが、にもかかわらず、個別的・心理学的な「心の健康問題」に視点を向け、両氏が批判するカウンセリングなどの活動の充実をめざしているところがあります。

カウンセリングは、問題が生じてからの事後的対応とも言える対症療法であり、未然防止とも言える原因療法ではありません。

したがって、藤田氏も指摘していますが、スクールカウンセラーを配置するということは、いじめや不登校がなくならないということを前提にしているとも言えるのです。

いじめや不登校などは、社会のあり方、生活のあり方に原因があることは確かです。家族や企業社会や学校社会のあり方、消費社会や都市社会のあり方、それらが複合する中での人間関係や生活のあり方、そこでの個々人の成長経験・生活経験の中に原因があることは確かです。

しかしながら、こうしたことに対する取り組みは学校保健の守備範囲ではない、と考えられているようなところがあります。

昭和五十年代に「学校保健は医療の論理のみで発達の論理が機能していない」ということが議論されましたが、いまだに類似した問題が存在していることに気づかされます。

藤田氏は、カウンセラーを配置してもいじめや不登校がなくならないということについて、次のように述べています。

「ちょうど近代医学が発達し、医者の数が増えたからといって病気がなくならないのと同様である。精神医学や臨床心理学が発達し、その分野の臨床医が増えたからといって、その対象となる病気がなくなったわけでもなければ、少なくなったわけでもない。皮肉なことだが実際に起こったことは、その種の『病気』が増加し、その治療法や対処の仕方が一般化したということである。」

学校保健では、社会問題へも対応するといった積極的な取り組みはできないのでしょうか。否、取り組むべきだと思うのです。だからこそ、考えを変え、そうしたことも守備範囲にして積極的に取り組んでほしいという期待を述べたのです。

保健体育審議会答申でも、その冒頭において「ヘルスプロモーションの理念に基づく健康の保持増進」を謳っていますが、示された施策の多くは、個々人の行動の変容をめざす健康教育やカウンセリングの充実ということに収斂されてしまっています。

しかし、このヘルスプロモーションの概念の重要な点は、前章でも紹介したので繰り返すことになりますが、今後は、生活習慣を健康なものにすることが重要であると考え、そのためには個人に働きかけるだけではなく、個人をとりまく環境を健康なものにしていかなければならないとしたことにあるはずです。

したがって、この環境を健康にする活動は、保健の領域にとどまることができないとし、次のような五つの活動領域をあげているのです。

1. 健康な政策づくり
2. 健康を支援する環境づくり
3. 地域活動の強化
4. 個人の技術の開発
5. ヘルスサービスの方向転換

学校保健活動においても、保健の領域にとどまることなく、何らかのかたちでこれら五つの活動領域にもかかわっていくことが必要です。

現在、子どもたちが抱えている健康問題の中には、個々の学校や養護教諭が解決すべき問題もあれば、個々の努力ではほとんど変えようもない問題もあります。しかし、変えようがないからといって何もできないというものではありません。個々の力で難しいのであれば、他の機関や組織に取り組むよう要請する、あるいは連携をとれるように働きかけることはできるはずです。

目の前の子どもたちにみられる、現代的な健康問題を考えるならば、個々に対応できる問題なのかそうでないのかを判断し、それぞれに適する対策を講じていくことが、学校保健、そして、養護教諭に課せられている重要な課題ということができます。

2. 環境管理をめぐる問題状況と課題

1. 学校環境と学校環境衛生活動

❖学校環境衛生活動とは

学校環境とは、広義には、次のように解されています。

「学校に学ぶ者、教える者にとって教育固有に求められた環境要素を核とした教育的環境の総称であり、通常その環境は人的、物的側面のほか心理的・精神的側面を含んでいる。」(『新教育大事典』第一法規、一九九〇年)

法令上は、学校の人的環境を整えていくために、教職員定数・配置や学級規模、校務分掌配置などに定めがあります。また、物的環境についても、学校建物、教材・教具、校具などの学校施設・設備についてのさまざまな規定が存在します。もちろん、この両者が一体となって学校環境を構成しており、相互の調和のとれた整備が望まれます。

こうした法令上の基準からの視点に加えて、今日、さらに注目されているのは、人間関係のあり方とかかわって構築される人的環境です。子どもたち相互の関係、子どもたちをとりまく子育て当事者（親、教師など）の組織と人間関係等、それらは子どもの成長にとっての人的環境であると同時に、なくてはならない心理的環境と考えることができるからです。

ところで、学校環境を考える場合に、学校保健にとってもっとも関係深いのが衛生の問題、すなわち、『学校環境衛生』です。

子どもたちが生活し、学習活動を行う学校の環境が衛生的であるかどうかは、子どもの学習能率の向上、疾病の予防、発育・発達および心身の健康状態などに影響を及ぼすことはいうまでもありません。なお、学校環境の衛生を考えるときは、安全も一緒に考えるのが一般的です。つまり、「環境の衛生・安全の管理」というのが一般的ですが、ここでは衛生のみを問題とすることにします。

このようなことから、学校環境衛生の目的として、次の三つがあげられています。

1. 子どもの発育・発達を促進し、健康の保持増進を図る。
2. 学習能率の向上を図る。
3. 快適な生活を送らせ、情操の陶冶を図る。

こうした学校環境衛生の法的根拠としては、「学校保健安全法」で次のように定められているのです。

第五条：学校においては、児童生徒等及び職員の心身の健康の保持増進を図るため、児童生徒等及び職員の健康診断、環境衛生検査、児童生徒等に対する指導その他保健に関する事項について計画を策定し、これを実施しなければならない。

第六条：文部科学大臣は、学校における換気、採光、照明、保温、清潔保持その他環境衛生に係わる事項―中略―について、児童生徒等及び職員の健康を保護する上で維持されることが望ましい基準を定めるものとする。

第五条でいう「環境衛生検査」において、毎学年定期的に実施しなければならない検査項目については、「学校保健安全法施行規則」の第一条で定められています。なお、第一条の二では「必要があるときは、臨時に環境衛生検査を行うものとする」とも定められています。

さらに、第二条「日常における環境衛生」についても、次のように定められています。

「学校においては、前二条に定める措置をとるほか、―中略―日常的な点検を行い環境衛生の維持又は改善を図らなければならない。」

環境衛生検査の結果を「基準」と照合し、問題がない場合は「維持」の措置を図ればよいのです。しかし、もし仮に問題があった場合には、「改善」の措置を図らなければなりません。

たとえば、検査項目として「教室等の空気」があり、その一つとして「温度」があります。温度はアスマン通風乾湿計で測定しますが、温度「基準」は「十℃～三十℃が望ましい」とされています。

この「十℃～三十℃が望ましい」という基準は、子どもの健康の保持増進と学習能率の向上の視点から定められていますが、この場合は、とくに後者についての次のような生理学的根拠をもとに導き出されているのです。

まず、十℃以上というのは、手指の末端の皮膚温が低下する気温が目安とされています。気温が十℃以下に低下した場合、最初に出てくる体への影響が、手指の末端の皮膚温の低下です。皮膚温が低下すると、低下を防ぐための産熱作用として筋硬直が起こります。そうすると、主要な学習活動である筆記活動が困難となるということから、十℃を最低温度の下限としているのです。

もし、測定した気温が十℃以下であったなら、暖房などによって十℃以上の気温を保つ改善措置が講じられなければなりません。

一方、三十℃以下というのは、発汗作用が生じる気温が目安とされています。三十℃以上になると、座位の姿勢で学習を続けていても体温が上昇し発汗作用が生じてきます。そうすると、疲労が促進され学習への集中力や持続力も衰退することから、三十℃を最高温度の上限としているのです。もし、測定した気温が三十℃以上であったなら、通風をよくするなどによって、三十℃以下の気温を保つ改善措置が講じられなければなりません。

このように照度にしろ、騒音にしろ、その基準（目安）は「学習効果に支障をきたさない」という生理的な根拠をもとに設定されています。

繰り返しますが、子どもの学び方には、頭が痛いというようなその主体的条件（この場合も、環境条件に左右される）ばかりでなく、子どもをとりまく環境条件の良否によっても差異がもたらされるのです。

このような事態が発生しないよう、学校環境衛生活動を効果的に推進するためには、言うまでもなく、学校医、学校薬剤師はもちろん保健主事、養護教諭、さらには全教員のそれぞれの特性を生かした役割分担が明らかにされ、それぞれが役割を果たす必要があります。なお、学校薬剤師が環境衛生検査に従事するとともに、維持及び改善に関し、必要な指導と助言を行うことになっています。

別のところで「教育としての健康診断」の必要性を指摘しましたが、それと同じように学校環境衛生活動も教育課程として位置づけ、検査活動や点検活動を実施するに際し、その内容の一部を健康教育（保健学習や保健指導）として取り入れたり、有機的な関連を図ったりといったことが考えられるべきことだと思います。

つまり、学校環境衛生活動は子どもの学習の対象とされるべきであり、学校環境衛生活動にさらには地域の環境衛生活動に積極的に参加できるように子どもを育てる必要性があるのです。

なお、今回の『学校保健安全法』では、第二章第六条（学校環境衛生基準）において、学校環境衛生基準を定めることが盛り込まれています。また、学校の設置者は、学校環境衛生基準に基づき、適切な環境の維持について努力し、校長は、学校環境衛生基準に照らしあわせ、適正を欠く場合には改善策を講じ、それができない場合は学校の設置者にその旨を申し出るものとする、とされています。

❖「教える場」から「学ぶ場」へ、「教育の場」から「生活の場」へ

学校環境については、拡大・再編が進められるなど、いま、その考え方が大きく変化してきています。教授学校から生活学校への変化は、子どもの生活の場として学校環境を考えるようになったからであり、オープン・スクールをはじめとするフレキシブルな環境設計が求められるようになったからです。

わが国の学校建築は、これまで、小学校から大学にいたるまで、そして地域性や気候・風土にかかわらず、ほとんどすべての校舎が「ようかん型」と言われる片側廊下型の平面形式で建てられてきました。第二次世界大戦後の鉄筋校舎の標準設計においても、片側廊下形式一本槍は引き続き変わらなかったのです。

そのルーツは、文部省（現文部科学省）から一八九〇（明治二十三）年に示された「小学校設備準則」と一八九五（明治二十八）年に示された「学校建築図説明および設計大要」にあると言われますが、教育制度の単線化とも合わせて、その画一化・平均化は極端にまで進んだと言われています。とはいえ、大正から昭和にかけて今日の学校建築へとつながる動きはあったと言われています。それは、特別教室の整備が徐々に進み始めたことと、学校建物の鉄筋コンクリート（Ｒ・Ｃ）造化の二点です。

大正期に入ると教育における創造性や自発性を重んじる考え方、また、観察・実験・実習などの体験的・操作的な学習を重視する新しい教育方法の導入などが進み始め、小学校では理科・図画・唱歌・家事作法等の特別教室が設けられるようになりました。通常の普通教室より広い面積を要するこれらの特別教室の登場によって、棟の端部に廊下面積を取り込んで設けられる形式が一般化し、今日の学校校舎に近いプラン型が完成しています。（上野淳『未来の学校建築―教育改革をささえる空間づくり』岩波書店、一九九九年）

しかし、戦後も定型の建築様式が大きく変化するようなきざしは訪れませんでした。

その結果、一九七〇年代、教育をめぐる諸問題は大きな社会問題となり、周知のごとく、一人ひとりの子どもたちの学習状況に対応し、創造性・自主性を育てることのできる教育システム、多様な学習方法をもつ学校への変革が進められるようになったのです。

当然、そうした流れとともに、学校建築や学校環境の変革も求められるようになりました。

その契機となったのは、一九七一（昭和四十六）年における中央教育審議会の答申でした。

その後の学習指導要領の改訂などに呼応し、教室とオープン・スペースを融合した新しい教室、床に絨毯を敷き、木の仕上げを多用したインテリアをもつ学習スペース、中央に大きな吹き抜け空間をもち、子どもたちのロビー・ラウンジを備え、町並みに調和するよう傾斜屋根をのせた校舎等々、新しい学校建築が出現し始めたのです。（『新教育大事典』第一法規、一九九〇年）

一九八〇年代になると、教育方法の多様化に対応する学校建築のあり方についての提言などが、相次いで行われるようになりました。また「教育の場」から「生活の場」への変革が進められ、生活機能の充実のみならず、美しく、豊かで、快適な学校環境づくりが進められるようになったのです。

たとえば、もっとも象徴的なのは教室の窓の位置と大きさの推移でしょう。

先に述べたように片側廊下型の校舎であったときは、廊下側の高い位置に狭い窓があるという状況だったので、廊下に人がいても、座ったままではその姿を見ることはできませんでした。それとは反対の外側も高い位置に狭い窓しかなかったので、教室からは、外の風景も、樹木や空以外は見ることができなかったのです。

「教育の場」としての教室は、子どもの視線が教師と黒板へ集中し、学習に没頭することがなにより も優先されなければなりませんでした。「気が散らないように」作られた閉鎖的な教室がもっともふさわしいとされたのです。

今日にみられる教室は、手の届く位置に広い窓があるようになりました。教室もまた「生活の場」

としての快適な環境づくりが求められているのです。

長倉康彦氏は、教育の変革に対応し、変革を促すことのできる環境づくりをめざすことが大事であると指摘し、未来のあるべき環境の創出を次の五つの「インテリジェント化」の概念でとらえる必要性を主張しています。(「学校建築」前掲大事典、所収)

1. 多様な学習システムの展開…多様な学習ニーズに対応し得るシステムとその活動に対応できる環境をつくる。
2. 「生活の場」としての学校…学習者の「生活の場」への変革。
3. 開かれた学校…学校施設の開放だけでなく、教育システム全体が一人一人の学習者に対応できること。
4. 学校の情報化…高度情報社会にあって、ハイテク手段を全面的に利用して、教育メディアや学校建築・設備の性能を飛躍的に高めた学校をつくる。
5. 学校の複合化…学習機能を複合・多機能化し、活性化した魅力ある学習の場とすること、交流余暇活動等の機能と一体化することによって、学校を真に地域の中心たらしめる。

今後、こうした方向に進んでいくことは確かなことです。しかし、こうした方向が子どもの健康にとってプラスにだけ働くとはかぎりません。マイナスに働く場合も多々考えられるのです。

たとえば、学校の情報化ということでパーソナル・コンピュータが学校や家庭に導入されれば、その利用の仕方によっては子どもの生活リズムが変わります。視力への影響や電磁波が身体に及ぼす影響などが想定され、かつてのTVの導入以上の影響をもたらすことは間違いありません。

このように想定される健康諸問題に対する高い感度が、養護教諭には要求されるのです。言い換えれば、問題状況が発生する以前に、その問題を把握して指摘し、何らかの予防措置を講じなくてはなりません。

なお補足しておくと、「開かれた学校論」（臨時教育審議会第三次答申、一九八七年）の登場は、学校建築の潮流に大きな影響を及ぼすことになったと言われています。

一つは、オープン・スクールの普及拡大であり、もう一つは、福祉施設やコミュニティ施設などを複合した複合的学校建築（東京都千代田区和泉小学校の複合ビル「ちよだパークサイドプラザ」などが著名）の増加です。

一九九九年六月に文部省（現文部科学省）から発表されたレポートの題目は「高齢者との連携を進める学校施設の整備について―世代を越えたコミュニティーの拠点づくりを目指して―」であり、文字通り、子どものための学校とお年寄りのための施設との連携・複合化を積極的に推進しようとするものです。このことによって、学校を広範な地域住民のコミュニティー活動の拠点として位置づけていこうとする姿勢が打ち出されているのです。詳細は、先にも紹介した上野淳著『未来の学校建築―教育改革をさせる空間づくり』（岩波書店、一九九九年）を参照していただきたいと思います。

ともあれ、こうした方向に急速に進みつつあるのが現状です。この展開を学校環境の変化の問題と捉えるだけではなく、子どもの健康問題にも変化を与え、養護教諭の仕事自体への変革にも迫るものと考えるべきです。私たちは、こうした動向にも関心を払わなければなりません。

2. 学校環境に果たす養護教諭の役割

❖「生活の場」としての学校

学校が「教育の場」から「生活の場」へと変革しつつあることについては前項で述べました。学校環境の「インテリジェント化」が進んでいますし、アメニティ（快適性）の観点からの検討も進んでいます。

「授業」に必要な「教室」を必要な数だけ並べていくといった手法では、学校を「子どもの生活や心理に立脚したデザイン」にするという発想は生まれにくいと言われます。今日では子どもたちにとっての生活環境としての学校、つまり、くつろぎや交流、食事や休憩、遊び……、そうした一つひとつの生活行為に適切な場を与えていくことが求められています。

つまり、学校環境は環境衛生の観点からのみ捉えておけばよい、というものではなくなったということです。

学校環境に問題がある場合、子どもの健康にもなんらかの影響が現れるものです。したがって、養護教諭には、子どもの健康問題の背後に環境問題が潜んでいないかどうかを見る目が求められるのです。

長い間、精神科医として活躍していたユングの研究家でもある近藤章久氏が、父親の死後、都内にある私立学園の理事長兼校長を引き受けたとき、最初に手をつけたのが学校環境の改善であった、と聞いたことがあります。しかもその改善の試みは、トイレのデラックス化であったというのです。

精神科医の眼で学校内を見まわしたとき、子どもが一人きりで喜怒哀楽を表現するような場が存在しないことに問題を感じた、つまり、学校内に一人になれる場所がないのは、メンタルヘルス的に問題があると捉えたのです。

そこで、喜怒哀楽を一人で表現できる場としてトイレを広く、きれいなデラックスなものにする改修を進めたそうです。このトイレの改修が、子どものメンタルヘルスにどれだけの影響を与えたかを科学的に証明することは不可能ではありませんが、きわめて困難なことでしょう。だからといって、証明されないかぎり意味がない、というものでもないと思うのです。

子どもたちから「気分がやすらぐと歓迎された」という評価を得たことで、じゅうぶんなのではないでしょうか。

先に紹介した上野淳氏は、学校の本来のユーザーは生活者としての児童・生徒であるはずで、「施設としての学校」から「住居としての学校」へ転換させるべきであると主張しています。
そして、「住居」と「施設」の質的な差異について次のように整理しています。

住居―空間のスケールが小さい
　集団の規模が小さい
　自分の思うように環境をしつらえられる
　自分の思うようにふるまえる
施設―空間の規模が大きい
　集団の規模が大きい
　画一的な環境での生活を強いられる
　一斉的・一括的な処遇での生活

施設にみられるような広いがらんとした場所は、子どもたちが身を寄せる場（居場所、くつろぎの場所、帰属の場所）にはなりにくいのです。
上野氏は、あくまでも環境的な意味からではあるがと断った上で、両者の差を少しでも縮めるようにしてみると、たとえば学校に行けない子、学校を怖がる子はずっと減らせるのではないか、と提言しています。（前掲書）

もう一つ加えておけば、人類学者の近藤四郎氏がかつて日本体育学会の特別講演で、小学校の体育の時間に使用するマットの色彩に対して次のような疑問を投げかけたことがありました。

体操競技のとき白いマットを使用するからといって、小学校体育の時間も同一の色彩が望ましいとは思えないと指摘され、もっと子どもたちに躍動感をもたらすカラフルな色彩を採用すべきであると主張されたのです。

学校の施設や設備などは、色彩・機能・構造の三つの要素が相互に関連し、子どもたちに心理的効果をもたらします。それは、必ずしも子どもだけではなく、教師についても同じことが言えるでしょう。

精神科医である近藤氏や人類学者である近藤氏のような挑戦的な試みや指摘は、高く評価されるべきであろうと思います。

いま教師には、とくに子どもの健康にかかわるプロとしての養護教諭には、このような発想・配慮のできる教育者であることが求められているのです。

❖保健室以外にも「心の居場所」を

保健室は子どもたちにとっての「体と心の癒しと安らぎの場」であると言われたり、「心の居場所」であると言われたりしています。

では保健室以外の学校、とくに「教室」は、子どもたちにとってどういう場所なのでしょうか。

佐藤学氏は、編著書である『教室の場所』（国土社、一九九五年）の「プロローグ」で、教室を次のように特徴づけています。

「登校拒否の子どもたちの苦悩は、通学を拒絶した事態にあるだけではなく、むしろ、それまで意識することのなかった学校の自明性に問いを発し、学校の潜在的な規範と機能を可視化したために生じているのであり、その結果、身体の兆候とは逆説的に、その意識においては、学校から遠ざかるどころか、学校の中核をなす潜在的な規範に過剰にとり込まれる事態から生じている。」

「学校の潜在的な規範と機能を可視化する」とは、具体的に次のように述べています。

「教室は、もはや、ありふれた日常的空間ではないし、無意識に過ごせる自明の場所でもない。そこは象徴的暴力にあふれた場所であり、権力と権威において真理と正義が正当化される場所であり、理不尽な規則と慣習が支配し虚偽と欺瞞に満ちた場所として、たち現れてくる。」

こうした状況が続くかぎり、子どもたちにとって、学校における唯一の「心の居場所」が保健室であってもおかしくありませんし、そうあることが、求められるに違いありません。しかし、そうあることが決して望ましいことではないということも確かです。

もはや、学校の中で保健室だけが「心の居場所・オアシス」などと称されて、養護教諭が一人きりで孤軍奮闘するだけで解決できる状況にはないのです。

学校を覆う閉塞感や圧迫感、強制感から解放された環境のもとではじめて、子どもたちの自由自在な思考と行動が育つのです。

平成十年に告示された『学習指導要領』から「総合的な学習の時間」が設けられるようになりましたが、そこにはいま述べた「自由自在な思考と行動」の能力を育てたいという狙いがあります。

しかし明白なことは、こうした「時間」を設けて育てようとしても、子どもたちに心理的にのびのびとした解放感が与えられなければ、効果を期待することはできないのではないかということです。

したがって、いま必要とされることは、子どもたちの心の居場所となる場所を、学校内に保健室以外にも多数つくることです。そうすることによって、学校全体の雰囲気を改善することです。

養護教諭に要求されることは、保健室の「内部」だけを子どもたちの「心の居場所」であるよう保障するばかりでなく、保健室の「外部」にもそうした場所を確保する必要性があることを保健室から積極的に発信することなのです。

3．生活管理をめぐる問題状況と課題

1．学校生活の管理

❖学校生活の管理とは

高石昌弘・出井美智子編著『学校保健マニュアル』（南山堂、二〇〇一年）の「学校保健のしくみ（領域構造）」によれば、「健康管理（筆者注、主体管理という場合が多い）」「環境管理」と並んで「生活管理」が領域の一つとして取り上げられています。

前二者については各論が設けられていますが、「生活管理」については、とくに設けられていません。

ただ、領域「生活管理」の内容としては、「⑴通学関係、⑵学級編成、⑶時間割編成、⑷休憩時間、⑸精神保健、⑹その他」があげられています。

学校保健の領域の一つとして「学校生活の管理」を重視していたのが故・小倉学氏です。

たとえば、著書『学校保健』（光生館、一九八三年）は九章で編成されていますが、そのうちの一章が「学校生活の管理」であり、その章に三二九頁中の三八頁（約一一・六%）を割り当てています。

小倉氏は、「学校生活と児童生徒の健康・教育」とが不可分の関係をもっていると指摘し、次のように述べています。

「その学校生活が保健的かどうかは、児童生徒の心身の健康と発育・発達を左右することはもちろん、学習の能率や成果、さらに広く人間形成の面にまで直接・間接に関係している。

……中略……

一方、学校における保健的な生活を通じて、児童生徒が保健的な生活環境・生活経験・直接指導などから学習する機会も少なくない。そのことによって自律的な健康生活能力が発達することも期待できる。」

さらに小倉氏は、「学校生活と家庭生活との不可分の関係」についても指摘し、次のように述べています。

「学校保健関係者は、もっと広い視野に立って、学校における健康生活とともに、家庭生活についてもその実態と問題点を把握し、保護者との連携・協力のもとに学校での保健管理・指導を進めていくことが不可欠であるといえる。」

しかしながら残念なことは、小倉氏も指摘していたことですが、学校生活に対する理論的・実践的な研究成果が不足していることです。

❖学校生活のあり方に関する教育生理学的研究

とくに、故・須藤春一氏のいう次のような「教育生理学」の研究の発展が必要なことであると考えられます。

「教育生理学は教育さるべきもの、即ち教育対象の精神的・身体的機能のうち特に教育の受け容れを可能にする諸条件と教育内容・技術・環境の諸条件が教育効果に如何なる影響をもたらすかを生理学的に解明することを目的としよう。さらに具体的に述べれば、前段については教育対象の身体的な形態発育ならびに機能発達の全般的理解の上にたって精神的な発達をとくに教育の可能性 educability を攻究することであり、後段にあっては、各種の教育技術によって受け容れられた教育内容が如何なる主体的または環境的条件によって教育効果の大小に影響するかを攻究して最も効果的な教育の在り方を求めることである。」（猪飼道夫・須藤春一共著『教育生理学』第一法規、一九六三年）

ほぼ五十年前の主張です。現在では、もろもろの生理学的研究の方法も進歩しており、さほど困難な研究対象ではなくなっているはずです。にもかかわらず、この種の研究に関心をもつ研究者が出現していません。

いや、もしかすると、私が出現しないと勝手に考えているだけなのかもしれません。学校環境の項で述べましたが、たとえば、建築計画学を専攻する上野淳氏が、『未来の学校建築』（岩波書店、一九九九年）の副題を「教育改革をささえる空間づくり」としていることからも明白なように、学校の空間を通して教育の在り方を問うています。

こうした学際的な研究があちこちの分野でなされているにもかかわらず、その成果の交流がなされていないがために、そうした研究成果が見過ごされているということも少なからず考えられるのです。

なんとも、もったいないことです。

上野氏は、前述書の中で「生活的な時間と居場所」という項を設け、次のようにも述べています。

それは、朝の登校時から下校時までの小・中学校の児童・生徒の学習・生活の様子を、その活動内容や場所、帰属する集団の種類などに着目して、学年ごと・クラスごとに追跡・記録する調査を何度も繰り返してきた調査結果です。きわめて示唆的であるので、長くなりますが引用させてもらうことにします。

「学校にいる時間の大半が授業にあてられるかといえばそうではなく、たとえば、集会、給食、休憩、掃除などいわば生活的な行動にあてられる時間帯が実に約4割にも及んでいることなどがわかってくる。すなわち、学校という空間は生活空間としての役割も大切であることがわかる。そして、子どもたちはいつも学年やクラスなどの集団の中に位置づけられ、皆と一緒のことをしなければならない一斉的な場面がいかに多いかもわかってくる。

……中略……

子どもたちが自分の行動を自分で決めることができる場面が一日の内どのくらいあるか、計測を試みてみた。学習に個別化・個性化のさまざまな手法を導入し試行・実践している学校で約3～4割、一斉授業で終始している学校で1割ちょっと、という結果が出た。後者の場合、その大半が生活時間、それも、中休み（小学校で2時間目と3時間目の間に比較的長めのとられる休み時間）と食事の後の休憩時間にほぼ限られるという結果である。

そうだとすれば、休み時間を中心とした子どもたちの居場所、そして、食事やくつろぎの時のための快適な居場所を、もっと大切に考えてあげたいと思うのである。」

さらに興味があるのは、次のような指摘がなされていることです。

「屋外での子どもたちの居場所ということを考えると、大きなスペースより、校舎とグランドの中間領域あたりの界隈性に富んだ場所の方が子どもたちにとっては大切といえる。」

「広いがらんとした場所は子どもたちが身を寄せる場にはなりにくいのである。」

別のところで、保健室のみが子どもたちにとっての「心の居場所」であってはならないと指摘しましたが、そうであるためには、「空間」と「時間」の両面からの検討が必要なのです。つまり、子どもたちが身を寄せることのできる「快適な居場所を、もっと大切に考えなければならない」のです。

いまのところ、残念ながら日本学校保健学会において、こうした研究成果の発表は皆無に等しいというのが現実です。

養護教諭の先生方に、こうしたことにも積極的に関心をもっていただきたいと思います。

もちろん、こうしたことの研究を養護教諭一人の力で進めることが不可能なことであることは言うまでもありません。

いま、教育現場で必要なことは、とりあえず養護教諭が情報発信源となって教師たちにこうしたことにも関心をもってもらうことであろうと考えます。

同時に社会的資源に広く目を向け、他領域の専門家や専門機関との連携を求めていくことが必要不可欠なことだと思います。

2. 学校生活の管理と養護教諭の役割

❖時間割編成が子どもに及ぼす影響

故・小倉学氏は、フランスで一九六九年から制度化された「時間三配分制」(「基礎教科(国語・算数)」「覚醒教科(道徳、歴史、地理、図画、音楽等)」「体育・スポーツ」)について紹介していますが、それとあわせて、省令で「国語と算数の授業はできるだけ午前中に行うこと」をすすめていると も紹介しています。

ロシアの「教授衛生」に関連する文献にも、時間配分について次のように同じような原則が書かれています。

1. 大脳の緊張した思考活動を要求する知的教科(第二信号系)と知覚(第一信号系)を使う音楽、図工、体育などの教科を交互に配慮する。
2. 困難な教科を午後に配したり、二教科連続したりすべきでない。

ここでいう「知的教科」や「困難な教科」とは、国語・算数などを指します。

以上については、小倉氏が『学校保健』（光生館、一九八三年）の中で紹介しています。この他、小学校の保健室で「頭痛や腹痛」を訴えてきた子どもの来室時の授業科目とその前の時間の授業科目とを調べた養護教諭がいますが、その調査によると、同一教科が連続して配置されている場合、頭痛や腹痛の発生率が高くなっているという結果が明らかになった、ということなどについても紹介されています。

❖実証的資料に基づく提案

このように子どもの健康問題の原因が、学校生活、とくに「時間割における教科配列」にかかわっていないかと追求できる、あるいはそういう課題意識をもてる養護教諭であってほしいと思います。もし、こうした実証的な調査結果（エビデンス）をもとに職員会議において「時間割編成にあたっては、子どもの生理を配慮する必要性がある」と、養護教諭の口から提案されたならば、教職員も時間割編成において「配慮する必要性がある」ことを納得するに違いありません。

小学校において、「休み時間」が五分というのは短すぎると感じた養護教諭が、「休み時間」を十分以上設けている他校の子どもたちの「便所に行く回数」と「水飲みの回数」を比較したところ、休み時間が長いほど、それぞれの回数が多くなる傾向が認められたと報告しています。

そもそも休み時間の本来の意義は、授業による精神の緊張を弛緩ないし転換させ、疲労の回復をはかることにあり、次の授業の準備のためだけの時間ではありません。

だとすれば、先の学習環境の整備と同じように、じゅうぶんな休み時間を保障することによってはじめて、子どもたちの学習条件を保障したと言えるのです。

私たちはともするとすでに与えられている条件は変えることのできないものと考え、与えられた条件のもとで「工夫する」「頑張って学習をしなければならない」と考えてしまいます。

しかし、そうではなくて、こうした発想を打破し、科学的な根拠（エビデンス）をもとに、学習環境や学習条件をよりよいものに改善していかなければならないのではないでしょうか。

なお、平成十（一九九八）年七月の教育課程審議会答申は、教育課程改訂の基本方針を示しましたが、その一つが次の事項でした。

「小学校四十五分、中学校・高校五十分という授業の一単位時間の常例を廃止し、年間授業時数を確保しつつ、児童・生徒の発達段階および各教科等や学習活動の特質を考慮して、各学校が適切に定めることができる。」

❖学校での生活を見なおす

学校は、次世代を担う子どもたちの育っていく場所です。そしてまた、人生のもっとも多感な時期に、一日の三分の一近くの時間を過ごす場所でもあります。
先に紹介した建築計画学を専門とする上野淳氏は、子どもたちの施設としての「学校」と、お年寄りのための施設としての「老人ホーム」には似通った点が奇妙に多いことに思いあたるようになってきたと言います。(『未来の学校建築』岩波書店、一九九九年)
それは、「生活単位が基本的に集団的であり、処遇が一括的である」という点であり、それが問題であると指摘しています。
何となれば、老人ホームには次のような「施設症」がみられるのです。

「老人は施設側の処遇に身をゆだねると、みるみる間にさまざまな生活上の行為についてあなた任せになり、自ら生きていく気力を失っていく。老人ホームに入所してのち、急速に痴呆症状が進んでしまう事例はかなり多いのである。典型的な『施設症』であると思う。」

学校における子どもたちの生活行動を観察してみると、自由に過ごせる時間、自分の意志で行動を決定できる場面が驚くほど少なく、子どもたちは時間に追われ、チャイムに追われるようにして過ごしていることがわかります。
上野氏は、さらに続けて、次のように述べています。

「老人ホームにおける施設症の誘因に近い状況が、学校という、施設、機関にも色濃く存在していると思われる。学力優秀、しかし、自分では何事も決められない指示待ち人間を大量に生みつつある学校。一種の施設症ではないか。画一的、一斉的な処遇になじめず、学校にいけなくなった不登校の子らを生み出しつつある学校、これもまた、施設症の一つなのではないか。」

子どもたちの学校での生活には、人間的な柔らかさ、暖かさはあるのでしょうか。

残念ながら現状ではハード面（学校建築）においても、ソフト面（学校生活）においても、否、と答えねばならないようです。いまの学校には、子どもたちにとっての生活の場的な時間と居場所がないのです。

これまで、学校は教師にとって「教えやすい」、「管理しやすい」という観点だけで造られ、運営されてきたということでしょう。したがって、子どもたちにとっては一方的に「忍耐を強いられる場」となってしまっているとも考えられます。

こうした現状の中で、学校を恐れる子ども、学校に行けない子どもが出てきたとしても、なんら不思議ではありません。

しかし、これまで、そのことに対して本格的に疑問を抱くこともありませんでした。「問題である」ととらえる発想すら、ほとんど生まれてこなかったように思われます。

たとえば、子どもたちは休み時間、どこで休息し、どこでくつろいでいるのでしょうか。先にみたように、休息時間すら保障されていない場合も少なくないのですから、答えは簡単です。そのようなスペースなどありはしないのです。子どもたちは、狭い教室で、または、無味乾燥な廊下で、たむろし、たたずみ、時間をやり過ごしているのです。

上野氏が指摘しているように、学校を子どもたちの生活の場であると捉え、学校環境や学校生活を、言い換えれば、学校という空間を「柔らかさ」と「暖かさ」という観点から考えなおすだけでも、彼らにとっての学校の意味はずいぶん変わってくるに違いありません。そしてまた、休み時間の使い方も変わってくるはずです。

4．健康教育をめぐる問題状況と課題

1．保健指導としての「からだ学習」と保健の授業

❖養護教諭の「からだ学習」

先日、都内の小学校の保健室を借用して会合をもちました。保健室の入り口の横にある掲示板の「からだの学習コーナー」という文字がふっと目にとまりました。その下に、市販のものですが「からだ学習」関係の資料が貼ってあり、保健室内の黒板の横にも同じようなコーナーが設けられていました。

「からだ学習」や「からだの学習」ということが言われるようになったのは、藤田和也氏によれば、

一九八〇年代以降のことであり、氏は次のように定義づけていますが、実際にはいろいろな方法と形態で行われている、と言います。

「養護教諭が子どもたちにからだのしくみや働きについて健康とのかかわりで学習する機会を提供する取り組みを指す。」（藤田和也『養護教諭の教育実践の地平』東山書房、一九九九年）

その背景について、友定保博氏は次のように説明しています。

「『からだの学習』実践が盛んになった背景は、保健室を訪れる子どもたちが自分のからだについて知らない、からだのどこが悪いのかわからない、そのためどうすればよくなるのかわからないという、自分のからだについての〈三ナイ状態〉があったことである。

こうした実態に触れるにつけ養護教諭の間から『からだの学習』の必要性が指摘されはじめ、より積極的には〈からだの主人公〉にする取り組みとして実践してきたのである。」（友定保博「養護教諭の専門性を活かすティームティーチング」学校保健のひろば、第十二号、一九九九年）

こうした保健指導としての「からだ学習」の実践創造の原点は、数見隆生氏も同じように、養護教諭の日々の保健室での実践における「子どもの実態」と「現実把握」にあると言います。（数見隆生

『教育保健学への構図』大修館書店、一九九四年）

これらは教科外の保健指導に属し、教科としての保健授業（保健学習）とは区別されます。

数見氏は、「からだ学習」の内容としては次のようなものが考えられると述べています。

ア．生きているからだ…息をし、脈を打ち、体温がある、など。

イ．生まれ、成長するからだ…誕生から成長、発達、そして死まで。

ウ．人間らしいからだ…手や足の独自性、直立二足歩行、姿勢など。

エ．生活し、活動するからだ…食生活、睡眠、排便、生活リズム、運動など。

オ．健康なからだ（からだを守る）…暑さ・寒さ、歯・目・耳、かぜなど。

❖『学習指導要領』にみる「からだ」の学習

「からだ」については、教科の保健でも学習内容としてあまり取り上げられていません。たとえば、平成元年の『小学校学習指導要領』の体育における保健の学習内容をみると、第五、六学年の次のような記述しかありません。

「体の発育…ア．体は、年齢に伴って変化すること。また、思春期になると、体つきが変わり、初経、精通などが起こって次第に大人の体に近づくこと。」

これが平成十年の改正では、「体の発育」の内容は次のようにほぼ同じでしたが、高学年ではなく中間学年である第三、四学年において、単元「育ちゆく体とわたし」で学習することとなっています。

「ア．体は、年齢に伴って変化すること。イ．体は、思春期になると次第に大人の体に近づき、体つきが変わったり、初経、精通などが起こったりなどすること。」

「からだ」に関しては、これまではむしろ理科の「A．生物とその環境」の内容の一つとして、次のように第三学年から各学年で系統的に取り上げられていました。

「(3) 人の体を観察し人の体のつくりを調べる。ア．目、耳、皮膚などの働き　イ．骨や筋肉の働き。」（第三学年）

しかし、平成十年の改正では、次のように第六学年に取り上げられているだけです。

「人及び他の動物を観察したり資料を観察したりして、呼吸、消化、排出及び循環の働きを調べ、人及び他の動物の体のつくりと働きについての考えをもつようにする。」

他の学年の内容は「内容の厳選」ということから削除されてしまいました。

このように、理科でも教えられなくなってしまいました。つまり、教科で「からだ」について科学的・系統的に学ぶ機会がほとんどなくなってしまったのです。

保健教育、つまり学校健康教育は体育の第三学年から始められるようになったこともあり、重視の方向にあると評されています。しかし、前述したような「からだぬきの健康教育」であってよいのでしょうか。

なぜ、こうした方向に進んでしまうのでしょうか。

❖「健康体」から「保健行動」への転換

健康教育の狙いは、単純に言えば健康教育の対象者が自分や仲間の健康を守り、増進することのできる知識や方法を身につけることにあります。より具体的に言えば、健康の改善のために自らのライフスタイルを変容することのできる能力を身につけることです。

ここまでの論の展開に疑義を呈する人はほとんどいないでしょう。

問題は、この「健康を守り、増進するための知識や方法」をめぐって生じてくるのです。

つまり、学校では、そのために、何を、どう教えたらよいかということ、言い換えれば学校においては健康教育のための教育課程をどう編成するかという問題が生じてきます。現行について言えば、小学校の体育科や中学・高校の保健体育科における保健の教育内容を、どう編成するかということです。

このところ健康教育の見方・考え方は、疾病・症状・異常の重視から生命・生活・人生の重視へ、生物・物理・化学中心から心理・社会・文化中心へと転換しつつあり、学校健康教育もその方向へ転換しつつあるとみることができます。

たとえば、園田恭一氏は、「健康観と保健行動の新展開」と題して、次のように述べています。(園田恭一『健康の理論と保健社会学』東京大学出版会、一九九三年)

「この健康や病気の考え方(筆者注…健康や病気の状態を連続的に理解する考え方)からすれば、心身の症状や異常などは、それ自体として切り離して捉えるのではなく、それらは人々の生命の維持存続や、日常の生活を送ることや、人生の過ごし方に、どのように影響し、作用しているのかといった、ライフとの関わりでの把握であるといえよう。

これらの生きることを基本にすえての健康の捉え方を、近年のライフ・スタイル・チェンジ、セルフ・ケア、クオリティ・オブ・ライフ、ホリスティック・ヘルスなどといった、新しい保健行動への関心の強まりや高まり……」

学校健康教育が健康教育におけるこのような「保健行動」への関心の強まりと高まり、ＷＨＯのヘルスプロモーションの捉え方に着目したのはよいことです。しかし、前章でも少し指摘したことですが、そのヘルスプロモーションの捉え方が健康の改善や向上にとっての公的、あるいは社会的な施策や取り組みというよりも、どちらかというと、私的な、あるいは個々人の役割や責任を重視するという方向に拡大されているように思えるのです。

その結果、子どもたちが自分の責任で保健行動を変容することの可能な健康問題が、課題として積極的に取り上げられるようになっています。つまり、教科保健の教育内容の編成に際しては「からだと病気」から、それぞれの責任で変容が可能な「保健行動」重視へと転換しつつあるのです。すなわち、保健行動に影響を及ぼすであろう心理社会的影響に対して、「対処する能力」を育てるような教育内容が必要であるということを強調しています。

こうした問題点は、園田氏が先の著書のなかで紹介しているのですが、アンダーソン（R. Anderson）によって、ヘルスプロモーションを概括した論文の中でも次のように述べられています。

「健康というのは基本的には個人のライフスタイルの選択によるのだという印象を生むものとされていった。これらのプログラムは、健康や病気というものを個人の行動のパターンに大きく規定されるものとみなして、病気をつくるのに大きな作用をしている主要因である貧困や性的不平等や人種主義や職業上の危機や産業によってつくりだされる環境汚染といったものを厚い煙幕でおおってしまったのである。」

健康教育がＷＨＯのヘルスプロモーションの捉え方に着目し、ライフ・スタイル・チェンジ、つまり、保健行動の変容を重視する方向性にあることは望ましいことです。しかし、だからといって、学校健康教育もそれらと同一の方向性に立つことが必ずしも望ましいとは言えません。学校健康教育における教育内容の「基礎・基本は何なのか」という視点から、そうした教育内容を組み替える必要性があるからです。

つまり、学校健康教育には、「保健行動」を重視する健康教育に参加できる人（市民）づくりが要請され、そのための基礎的・基本的な教育内容の学習こそが望まれているのです。

自明なことがあります。

それは、養護教諭が日々の保健室活動を通して、子どもたちに教えなければならないと考えた「からだ学習」を、学校健康教育の基礎・基本の柱の一つとして位置づけることが必要であるということです。

後述しますが、養護教諭による「からだ学習」を教科保健にそのまま位置づけるべきであるというのではありません。また、もし教科保健で「からだ学習」を取り上げるのであれば、これまでのような実践が不必要だというわけでもありません。

もう一つ指摘しておきたいことは、一九八八年の第二回ヘルスプロモーション国際会議では、公的施策の重要性ということに改めてスポットが当てられたと言われることについてです。

「政府は民衆に、その健康を脅かす行動に責任をもてという以前に、彼らのために支えとなるような環境を創りだすことにとりわけ力点をおくということで特徴づけられなければならない。」

こうした公的施策の重要性は、国が取り組むべき問題であり、子どもたちの保健行動の変容には関係ないことなので、学校健康教育で教える必要性のないものだと考えられることは問題です。また、同じような観点から、環境問題なども教える必要がないものとして取り扱われる傾向にあることも問題です。

『学習指導要領』の保健の教育内容の変遷を検討してみると、こうした内容が以前と比べて、きわめて少なくなってきていることがわかります。

私は、現在の保健教育の内容が「からだ」をぬきにした「保健行動」重視の傾向にあることを、「新たな方向」へ発展していることだと全面的に賛成するわけにはいきませんが、保健の教育内容の編成に際して、改めて健康と生活や行動との関連を考慮しなければならないという視点を提供してくれた意義は大きいと考えています。

❖養護教諭による保健指導としての「からだ学習」は「からだ学習」として

これまで指摘してきたように、「からだ」について系統的に学ぶ機会が少なくなってしまったことは憂えるべきことです。

そしてまた、実際、このように考えている養護教諭も少なくないようです。

だからといって、それを補完するためにと、先に紹介した数見氏のいう「『子どもの実態』と『現実把握』を原点としている養護教諭による『からだ学習』」が、体一般の知識を取り上げることばかりに傾斜するようであるならば、これまた憂えるべきことです。

養護教諭による「からだ学習」は、一人称としての、つまり子ども一人ひとりが「わたし」のいまの体を問題とするところに特色があり、意義があるのです。それに対して、保健の授業では三人称としての、つまり「ヒト」としての体を教えることに特色があり、意義があるのです。

誤解を避けるためにつけ加えておきますが、学校教育における「からだ学習」では一人称としての「わたし」の体の問題を学ぶのですが、一人称としての「わたし」の体を通して三人称としての「ヒト」の体をも学ぶことは言うまでもありません。

2. 生きる力をはぐくむ健康教育

改めて言うまでもないことですが、保健にかぎらず、すべての教科が生きる力をはぐくむ役割を担っています。その中で、教科保健、つまり保健の授業はどのような生きる力をはぐくむことが期待されているのでしょうか。

それは、教育課程の基準が示されている『学習指導要領』をみるとわかります。改訂中学校学習指導要領（平成二十年告示）の教科としての保健体育の目標のうち、保健に関する部分を抜粋してみると、次の通りです。

「心と体を一体としてとらえ、健康・安全についての理解を通して、健康の保持増進のための実践力の育成を図り、明るく豊かな生活を営む態度を育てる。」

従来とほとんど変わりません。高等学校の場合も同様の表現となっていますが、きわめて抽象的なので鮮明ではありません。

しかし、示されている目標を達成するための内容をみればかなり明確となります。

ここでは、健康の保持増進のための実践力を育成するためには、示された教育内容をもとに保健の授業をどのように展開すればよいかについて検討を試みたいと思います。

❖「わたし」の健康、「わたし」の生活の変容をめざす

保健の授業でWHOの健康の定義を教えるとするならば、そのことにどのような意義があると考えればよいのでしょうか。

そもそも健康の定義は、きわめて抽象的な概念であり、健康一般のことであって三人称（THEY）の世界です。「生きる力」は、一人ひとりが自分の生きる目標との関係で捉えたときにはじめて具体的なものとなり、どのような生きる力を学ぶ必要があるのかが鮮明になります。しかし、三人称としてのWHOの健康の定義を知っただけの場合には、まさに、今回の『学習指導要領』の改訂の際によく言われた「単に知識の理解にとどまる」ということに相当するということができます。

健康というものが、身体的健康、精神的健康、社会的健康の三つの側面から把握できるのだ、ということを知ることは、健康を三人称の世界で捉えているということになります。そして、その学んだ三つの側面から自分の健康状態を点検し、改善すべきことを見いだすことができたならば、一人称（I）としての自分の健康状態を学んだことになります。さらには、両親や兄弟姉妹、友だちの健康状態はどうかを問題とできれば、二人称（YOU）としての健康状態について学んだことになります。

保健教科書に書かれていることの多くは、科学の成果であり、三人称的世界のことであって、「わたしの健康」や「わたしの生活」とはかけ離れた世界のことです。保健の授業では、この三人称の世界

だけにとどまることなく、一人称的学びの世界への探索が必要なのです。

ずいぶん前に臨床心理学者の河合隼雄氏のエッセイを読みました。その中で、氏が小学校での初経指導の際に、指導している女性教師が、自分は初経を経験したことがないと言わぬばかりの顔をして生理について指導していたことに疑問をもった、というエピソードをあげていたことがあります。氏は、子どもたちが知りたいのは先生が初経を迎える不安をどう乗り越えたかなどであるのだから、女性教師は自分の初経体験―体、感情、情動などの変化―を語ってやるべきであるというのです。つまり、子どもたちは客観的知識のみでなく、「生きられた性」についてもぜひ知りたいと思っているはずなのです。

男性の教師と精通についても、同様に考えることができるでしょう。

これまで保健の授業では科学的知識を教えることが大切だと考えられ、一人称や二人称の世界で捉えることは主観的、経験的であると避けられてきたのではないでしょうか。

保健の保健の授業たる所以は、学んだ科学的成果をもとに各人の生活の改善を志向し、実現するところにあるということができるのです。

❖参加型の学習にする

保健の授業が、知識の伝達―受容型の授業となり、暗記教科となってしまったのは、いつのことからなのでしょうか。

知識を身につけたかどうかが、「ことば」で表現できる、つまり「〜が言える」や「〜が説明できる」という、ある特定の言語的行為に限定して考えられるようになってしまったことに問題があるように思えます。

知識というものが「わかる」ではなく、「覚える」に結びついてしまっているのです。端的に言ってしまえば、心と体の乖離です。それだけに、冒頭で紹介した『学習指導要領』の保健体育科の「心と体を一体としてとらえる」という目標記述は重視したいものです。

ちなみに、生田久美子氏は次のように述べています。

「知識教育とは、具体的な状況の中で立ち現れてくる事象や対象との関係性の中で自分のあり方を規定していくという、『身体』と切り離し難くある『人間の知識』を前提とする教育であるべきである。」（生田久美子「問題としての『知識教育』」原総介編『近代教育思想をよみなおす』所収、新曜社、一九九九年）

先に指摘したように、知識の伝達—受容型の授業における教師と子どもの関係は、上下の関係にあります。知識を有する教師が知識を子どもに伝達し、子どもが伝達された知識を受け入れるという関係です。子どもたちは授業に出席しているとは言えますが、あくまでも受け身の姿勢であり、参加しているとは言えません。

前述した参加型の学習という表現には多様な意味が考えられます。たとえば、佐伯胖氏は次のように述べています。

「『参加』という言葉を使うのは、それがきわめて個人的な『自分探し』のいとなみでありながら、同時にきわめて社会的な、人びととの共同体的ないとなみに、自らのユニークな『自分らしさ』を生かしながら、『加わっていく』営みだ、という点を強調したかったからである。」（佐伯胖他編著『学びへの誘い』東京大学出版会、一九九五年）

保健の授業において、子ども一人ひとりが「加わっていく」ことのできる状況をどうつくっていくかということが、教師の重要な仕事です。それは教師と子どもが「ともに学び、考え、つくりあげる」関係にあるときに実現が可能なのです。

教師に必要とされることは、「生きる力をはぐくむ健康教育」のイメージを豊かにし、その学びの意味と方法を追求し続ける研究的態度です。（森昭三「生きる力をはぐくむ健康教育」中等教育資料、十一月号、一九九九年に加筆訂正したものです。）

3.「総合的な学習の時間」と養護教諭

❖「総合的な学習の時間」とは

平成十年十二月に告示された『小学校学習指導要領』から、教育課程には新たなものとして「総合的な学習の時間」が設けられました。同じように、中学校と高等学校でも設けられました。

その授業時数は、小学校において第三、四学年で一〇五時間（年間総授業時数に対する割合一一～一二％）、第五・六学年で一一〇時間（一二％）であり、国語、算数に次いで多い授業時数が割り当てられています。中学校においては第一学年で七〇～一〇〇時間（七から一〇％）、第二学年で七〇～一〇五時間（七から一一％）第三学年で七〇～一三〇時間（七～一三％）であり、上限をとると主要五教科と同等の時間数を占めています。

このことからも明らかなように、この時間が「学校教育のパラダイムの転換」の象徴の一つとしていかに重視されているかがよくわかります。なお、改正学習指導要領では授業時数が削減され、小学校においては第三学年から第六学年で各七十時間、中学校においては第一学年で五十時間、第二・三学年で各七十時間です。

「総合的な学習の時間」については、先の『学習指導要領』の総則に「第三　総合的な学習の時間の取扱い」を設け、かなりのスペースを使って説明していました。

まず、教育課程における「性格」づけを次のように行っています。

「各学校は、地域や学校、児童の実態等に応じて、横断的・総合的な学習や児童の興味・関心等に基づく学習など創意工夫を生かした教育活動を行う。」

この「性格」づけによるならば、健康に関することが「課題」とされるためには、次の二つの根拠が明らかにされていなければならないということです。

1．横断的・総合的な学習にふさわしい課題であること

2．児童の興味・関心の強い課題であること

次いで、指導の「ねらい」を明らかにしています。

1．自ら課題を見付け、自ら学び、自ら考え、主体的に判断し、よりよく問題を解決する資質や能力を育てること。

2．学び方やものの考え方を身につけ、問題の解決や探究活動に主体的、創造的に取り組む態度

を育て、自己の生き方を考えることができるようにすること。

この「ねらい」こそ、教育課程審議会のいう「学校教育のパラダイムの転換」を象徴するものです。もし、「総合的な学習の時間」に、健康に関する課題を設けようとするならば、健康に関する課題がこの「ねらい」を育てる、つまり実現するにふさわしい課題となることの根拠が明らかにされなければなりません。

さらに、「ねらい」を踏まえ、学校の実態に応じた学習活動を行うにふさわしい課題の「例示」として、次の六つが示されています。

「例えば国際理解、情報、環境、福祉・健康などの横断的・総合的な課題、児童の興味・関心に基づく課題、地域や学校の特色に応じた課題などについて、学校の実態に応じた学習活動を行うものとする。」

ここで、「福祉・健康などの横断的・総合的な課題」が例示の一つとしてあげられたことによって、「健康に関する課題」は総合的な学習の時間の「課題」としてふさわしいものであることが証明されていると考えられています。

養護教諭の先生方が強い関心を払っている理由は、ここにあるということができます。

❖「総合的な学習の時間」の実施に困惑

繰り返すことになりますが、平成十年告示『学習指導要領』による教育課程は、「各教科、道徳、特別活動、総合的な学習の時間」というように従来の三本立てに「総合的な学習の時間」が加わることによる四本立てで編成されることになりました。しかし、各教科、道徳、特別活動とは異なり、独立した章としてではなく、総則の一部として記されています。したがって、「総合的な学習の時間」が教育課程を編成する、ここに記したように第四の領域として並置されるのか、それとも、他の三領域を包含し、統合する超領域的活動として位置づけられるのか、その性格はあいまいと言わざるを得ないのです。

周知のように、学校の教育活動は教科活動と教科外活動という二つの領域、つまり学習指導と生活指導という二つの機能に分けて考えるのが一般的です。

そして、教科は体系的に組織された知識や技能を教授するのに対して、教科外活動は体験学習などを通して生活態度や行動能力などを育成することを目的とするというのが、一般的な理解です。

したがって当然のことながら、平成九年九月の保健体育審議会答申でも、この考えに沿って「健康教育で取り扱うべき内容と進め方」において、「教科における指導」と教科外としての「特別活動における指導」とに分けての記述がなされています。

前者では、厳選した基礎的・基本的な内容の理解を通して、自他の生命尊重の心を涵養《かんよう》しつつ、健康に関する認識を深めるとともに、判断力・行動力などを育成することが必要である、と述べています。一方後者では、健康に関する内容について、教科での学習や日常生活等で得た知識・理解等を実践する場として、児童生徒の自発的活動の促進に留意しつつ、具体的な指導を行うことが望ましい、と述べています。

つまり、教科と教科外との両者には、目標、内容、方法において違いがある、とも述べているのです。このように考えると、教科でも教科外としての特別活動でもない「道徳」と「総合的な学習の時間」とは、どのように考えればよいのでしょうか。

平成十年告示の『学習指導要領』では、「総合的な学習の時間」について「次の事項に配慮するものとする」と述べています。

1．自然体験やボランティア活動などの社会体験、観察・実験、見学や調査、発表や討論、ものづくりや生産活動など体験的な学習、問題解決的な学習を積極的に取り入れること。

2．グループ学習や異年齢集団による学習などの多様な学習形態、地域の人々の協力も得つつ、教師が一体となって指導に当たるなどの指導体制、地域の教材や学習環境の積極的な活用などについて工夫すること（なお、3．は省略）。

これまでの教科活動とは違うものであること、また実際に違うものとすることを明確にすることを要求していることはわかりますが、先の疑問の答えとはなっていません。

ところで、子どもたちにとっては時間割に示されるものはすべて「授業」であり、「授業」には成績がつけられるものだと考えます。したがって、「総合的な学習の時間」で成績がつけられないのはなぜだろう、という疑問を抱く子どもが出てきても不思議なことではありません。

またこうした疑問を抱くのは子どもばかりではありません。たとえば、市川昭午氏は「総合的な学習の時間」の創設は「政治的産物」であるので、こうした疑問に正しく答えることができないというのです。

教科というものは基本的に学問体系に基づいており、必ずしも、子どもの学習の必要性に基づいて形成されたものではありません。教科の数は、増加する一方です。学習者に統一性のある学習をさせるためには、分化した教科をなるべく相互に関連させて教えるだけでなく、できれば統合し、子どもの生活に近い形態で学習させたいという考え方は今世紀の初頭から存在しています。

周知のように、こうした考え方は、これまでも教育課程に反映されてきていますし、社会科や理科、生活科、技術・家庭科、そして保健体育科などの多くが、いくつかの科目からなる合科的教科なのです。

また、教科の区分はそれほど固定したものでなく、歴史的にみればかなり変化してきています。教育内容も相互に移行しており、たとえば、保健の教育内容も歴史的にみれば、ある内容は社会科、理科、技術・家庭科に行ったり来たりしています。そのようなことが可能な教科であることから、これらの教科を保健の「関連教科」と呼んでいるのです。

ともあれ、この「総合的な学習の時間」が子どもたちにとって楽しい・有意義な学習の時間となるまでには、多くの実践の経験を通して洗練されたものになっていくだけの時間が、まだまだ必要と考えられます。

国際基督教大学高等学校の保健体育教師である和田雅史氏は、実施に当たって戸惑いがあると、次のように述べています。

「……しかし、この総合学習に関する様々な研修会などでも、講演者に招かれる文部省の担当官や作成に当たった研究者の解釈が異なり、総合学習のねらいや扱う内容の提示はされても、なにをもって総合学習と呼ぶのかは未だに不明確の感がぬぐいされません。教務担当の教員の中には、『〝これは総合学習です〟と名付けて、適当にやればいいんですよ』と言ってはばからない先生もいますが、そう簡単には授業は成立しないと思いますし、もっと内実のある授業を目指さなくてはいけないと思います。」（日本教育保健研究会ニューズレター「『総合的な学習の時間』の実施に向けて」教育保健、第二十五号、二〇〇〇年、十一月六日）

和田氏の個人的な主張ではありません。実践現場が抱えている共通の問題なのでしょう。

❖「総合的な学習の時間」を歓迎する教師・しない教師

私の周囲を見まわすと、この機会を利用して総合学習において健康教育を推進しなければと、きわめて意欲的な姿勢を示す教師（A教師とします）がいる一方で、混乱を招くだけで成功するはずがないと批判的であったり、懸念を示したりという消極的な教師（B教師とします）もことのほか多いのです。そのうえ、まったく無関心な教師（C教師とします）もいます。

この違いは、いったいどうしたことなのでしょうか。

A教師の多くは、平成十年告示の『学習指導要領』の総則の「第四　総合的な学習の時間の取扱い」の3において、「課題」の例示の一つとして、「福祉・健康などの横断的・総合的な課題」と、健康が取り上げられていることを拠り所としています。しかし、熱心なのは保健体育教師というよりも、保健の授業を担当することができるようになった養護教諭の先生方の方が多いようです。

B教師の多くは、過去において新たに設けられたが定着せず、消滅していった「ゆとりの時間」や「必須クラブ活動」と同じような運命をたどるのではないかと言います。また、「生活科」のようにうまくいかないとも言います。あるいは、子どもも教師も健康に関しては、さほど関心をもっているわけでもないので課題とはなりにくい、また、マスコミなどで言われている学力低下を招くということを問題視し、いずれは破たんするだろうなどというのです。

C教師の多くは、自分の主張をもたない人たちです。どちらに転ぶかをじっくりと観察してから、判断しようというのです。

それぞれの主張には、それなりの根拠があります。

しかし、現実的には、「歓迎する・しない」の問題ではありません。すでに動き出しているのですから、何はともあれ、平成十四年度からは、総合的な学習は前向きに実施していかなければならないのです。

すでに紹介しましたが、完全学校週五日制の実施に伴い、年間総授業時数の縮減を余儀なくされる中でこの新しい「総合的な学習の時間」には、多くの時間が配当されています。つまり、自ら学び自ら考える力などの「生きる力」をはぐくむ中核をなす学習として時間が設定されたのです。

ということは、学校教育改革がうまくいくかどうかは、他でもない、この「総合的な学習の時間」の指導とその学習が成果をあげるかどうかにかかっていると言っても過言ではありません。

したがって、いま必要なことは、批判の是非を含めて、「総合的な学習の時間」を教育研究の緊急の重要課題として、前向きに、多角的に吟味することです。校内研修などにより、総合的な学習の実践の創造と省察へと歩み出すことです。

何はともあれ、まずは教師集団へこうしたことの共通認識と積極的な取り組みの必要性を語り、教師集団の協力的な指導体制を組織することから始めなくてはなりません。

❖「総合的な学習の時間」で果たす役割

先にも紹介しましたが、学習課題の例示の一つとして「福祉・健康」があげられたこともあり、養護教諭の先生方が強い関心を示しています。したがって、ここ数年の間、養護教諭を対象にした研修テーマとなっていますし、養護教諭を対象にした専門誌の特集テーマともなっています。

あちこちで先導的な試みがなされ、その成果が評価されつつありますが、実際には養護教諭はどうかかわっていけばよいのでしょうか。

「総合的な学習の時間」の「課題」として「健康にかかわること」が取り上げられたならば、協力しなければならない状況がおのずと生まれてくるに違いありません。

しかし、私が養護教諭の先生方にまず期待したいことは、学校や学年、あるいは学級の「総合的な学習の時間」の課題として健康に関することが取り上げられるような「働きかけ」をすることです。また、働きかけたとしても、それが実際に課題とされるかどうかは、養護教諭の日々の実践と深くかかわっているようにも思えるのです。

つまり、「課題」として取り上げられるかどうかは、学校の教職員や子どもたちの「健康」に関連する関心や認識が育っているかどうかに左右されると考えられるからです。

「課題」が「課題」となり得るかどうかの判断は、先の「性格」づけに関係しますが、「福祉・健康」は横断的・総合的な学習にふさわしい課題であることがすでに「例示」されているので、まず一つその点では問題ないわけです。

もう一つ、健康が子どもの興味・関心の強い課題となることを明らかにしなければなりません。

したがって、健康に関することを課題とするときに、いまの子どもたちの健康問題をみれば、それは明らかであるという情報の提供にとどまるのではなく、「子どもたちが興味・関心を持つ」課題であることはいうに及ばず、「探求的な学びが成立する」可能性が大きいことの情報（証拠）を示し、教師集団を納得させることができなければなりません。

また、子どもと地域の「総合」、教師と親の「総合」、教室と地域の「総合」、教師と子どもの「総合」などと総合の可能性を示すことも必要なことです。

ただ、注意すべきことは、こうした総合的な学習が教科を「横断」しているか、「総合」しているかをあらかじめ検討し、あまりにも計画的でありすぎると子どもの主体性を損なうことがあるということです。

あくまでも学びの過程が「探究的であること」が大切なのであって、総合的であったかどうかは結果をみて評価すればよいことなのです。

以上は、仕掛け人としての、あるいはコーディネーターとしての役割を養護教諭に期待して述べたのですが、これら以外にも次のような役割を果たすことができます。

1．学習計画の助言者として、授業者への支援者として

2. 資料提供者として
3. 子どもへの指導担当者として、ゲストティーチャーとして
4. 子どもの活動の支援者として
5. 家庭・地域とのパイプ役として

❖「総合的な学習の時間」の土壌づくり

土曜日の朝日新聞朝刊に「楽しく　調べ学習、たんけん・はっけん・ほっとけん」が掲載されていますが、この「たんけん・はっけん・ほっとけん」は総合的な学習などの典型的な学習形態の一つとなっています。

何を「たんけん」するのかが「課題」となりますが、学区内の危険なところ探しや汚いところ探しを「たんけん」することを「課題」とすることができます。このとき、この学びの過程がどれだけ探究的であり得るかどうかは、子どもの興味・関心と「課題」にかかわる実体的学力（保健の基礎・基本の習得…健康に関する知識・理解の習得）をどれだけ身につけているかどうかによって左右されます。

さらに言うならば、教職員の指導体制によっても左右されます。つまり、教師が「課題」に関して、どれだけの問題意識や認識をもっているかどうかということです。

よい「総合的な学習の時間」とは、こうした土壌が整えられた上で展開できるのです。子どもたちから「こんなことを『たんけん』したい」と、そして教師から「こんなことを『たんけん』させたら」と健康にかかわる課題があがってくるようであれば、すばらしいことです。

養護教諭の日常的な活動、たとえば「からだ学習」や「保健の授業」、あるいは「保健委員会活動」などを通して、こうした声が上がるような小さな芽を育てておきたいものです。

❖先導的な試みに学ぶ

先導的な総合学習の検討から明らかにすることができた留意点をあげておきたいと思います。

①目標について

すでに紹介したように平成十年告示の『学習指導要領』の総則の第四で、うまく二点にまとめられています。一口で言えば、現実の健康問題に対処する問題発見能力と問題解決能力の育成が最重要ということです。主体的に判断する、主体的に取り組むと、どちらのねらいにも「主体的」が強調されていることが注目されます。

「主体性」を発揮することができるかどうかは、子どもたちの基礎学力と関連します。

②学習内容と学習方法

「健康」にかかわる問題を学習課題として設定、あるいは、選択することに子どもの参加と選択を取り入れることによって、授業を教師主体から子ども主体へと変革していくことができます。

子どもの参加と選択を取り入れるということは、子ども一人ひとりの能力と個性に応じた学習＝指導を可能にするとともに、子どもの主体的な学習態度の育成をも可能にすると考えられるのです。そのためには、一斉学習・個別学習・班別学習という多様な形態を積極的に取り入れなければならないでしょう。

ここでも強調しておきたいのですが、子どもの「参加と選択」を取り入れたとしても、子どもが一定の学力のもち主でなければ、正しい参加も選択もできないのです。

③教師の役割

課題学習において経験ずみのことですが、前述した子どもの参加と選択を取り入れることによって、子どもの主体的な学習活動がうまく展開できるかどうかは、教師がどのような役割を果たすかにかかっているということができます。子どもの主体性や自主性の尊重というと、教師が指導を放棄したり放任したりということがみられますが、それは誤りです。それどころか、通常の時間よりもむしろ慎重な指導が要求されます。

先に述べましたが、子どもが学びたいこと、実現したいこと、明らかにしたいことなどを教師が的確に把握していなければ、適切な指導ができません。そうなれば、当然、子どもの主体的な学習活動は成立しないものです。

子どもが学習においてつまずく要因として考えられることは、大別すれば、「子どもをとりまく学習環境」に問題があるか、「子どもの学力」に問題があるかです。

④子どもの学習活動の援助

教師は、子どもが主体的に学習する力を内に秘めていることを信じて、その力を引き出すことに努めるべきです。

しかし、子どもが学習のつまずきを乗り越えられないために学習意欲を失ってしまう場合も十分にあり得ることです。こうしたとき、直接的に指導するのではなく、乗り越えるためにわずかな助言と助力、そして示唆をするという適切な援助が必要なことは少なくありません。

そのためには、一人ひとりの子どもの興味・関心の傾向や基礎学力の到達度などを熟知していることが必要です。

⑤ともに学習する探求者

教師は学習内容を理解している権威者として子どもの前に君臨するのではなく、学習における探求の道筋を共に進む者として存在することが要求されます。教師にとっては、子どもの問いに即答できる知識の量よりも、一緒に追究する態度と研究方法の理解・習練が重要です。

つまり、教師と子どもの関係は教える人と学ぶ人といった「タテ」の関係ではなく、ともに学習する探求者であるという「ヨコ」の関係であることが求められます。

⑥学習環境の組織と整備

子どもの学習意欲の喚起と興味の持続を最大限可能にするように、学習環境を組織する必要があります。子どもの学習の秩序を守るということも学習環境に関係することですし、図書の充実といったことも、それに相当しますので、多方面にわたります。

「わたしたちの健康診断」を課題に「総合的な学習の時間」に取り組んだ際に、子どもたちは、その趣旨を理解し、意欲的に取り組んだが、子どもたちが学校医に取材に行ったときの校医の否定的な対応によって台なしになってしまった、という話を聞いたことがあります。校医に言わせれば「健康診断は子どもが考えることではない」のです。事前に、健康診断を「総合的な学習の時間」の課題とした趣旨について、校医とじゅうぶんに打ち合わせし、子どもの学びの意欲が生きるような学習環境を整備しておくべきだったのです。

ですから、こうしたことは教師集団の学習環境づくりのミスだと言わねばなりません。（本項は、拙論「総合的な学習と保健学習」保健体育ジャーナル第五十九号所収、の一部を引用したものです。）

❖「追究・創造・発見する喜び」を実感する楽しい「総合的な学習の時間」を創る

学習指導要領において「総合的な学習の時間」が新設されたから、とりあえず取り組まざるを得ないという消極的な態度ではうまくいくはずがありません。これまでのように拘束されることなく、子どもと教師が協力し創意工夫して、楽しい「総合的な学習の時間」を創ることができる、という積極的な態度で望むことが期待されています。

教育課程審議会答申では、次のような考え方を示しています。

以下の考え方が、「総合的な学習の時間」を学習の拠点として実現するならば、これまで本書で述べてきた学校保健の諸課題の解決にもつながると言うことができます。

1. 学校は子どもたちにとって、伸び伸びと過ごせる楽しい場でなければならない。
2. 子どもたちが、自分の興味関心のあることにじっくりと取り組めるゆとりがなければならない。
3. 子どもたちの好ましい人間関係や子どもたちと教師との信頼関係が確立し、学級の雰囲気も温かく、子どもたちが安心して、自分の力を発揮できるような場でなければならない。
4. 教科の授業だけでなく、学校でのすべての生活を通して、子どもたちが友だちや教師と共に学び合い活動するなかで、自分がかけがえのない一人の人間として大切にされ、たよりにされていることを実感でき、存在感と自己実現の喜びを味わうことができることが大切である。

前述したように、総合的な学習はこのような学習環境を実現させる学習の拠点となることが要請されています。そしてまた、こうした課題を背負って登場したのが、まさに総合的な学習であると言うこともできるのです。

最後に改めて、そのために必要な留意点をあげておけば、次の通りです。

①子どもの学びの経験を評価する

子どもたちに教科内容の何を伝えることができたかという問いから、子どもにとっての学びに着目し、子どもがどのような「学びの経験」を積むことができたかを問うようにすることです。

また、これまでの教科学習における「目標・達成・評価」モデルから「主題・探求・表現」モデルへの転換（佐藤学著『教育改革をデザインする』岩波書店、二〇〇〇年）と「協同的・互恵的な学び」の組織が必要です。

「協同的・互恵的な学び」とは、アイディアを相互に与えあい分かちあう学びを言います。知識伝達型の一斉学習が問題視されてから、個別学習が重視されるようになっていますが、二十一世紀の共生社会に要求される学びはこの「協同的・互恵的な学び」と言われています。

②そのテーマが、子どもにとってどのような意味があるかを吟味する

なぜ、このテーマを選ぶのか、つまり、このテーマにかかわって行われる学習が、子ども一人ひとりにとってどのような意味があるのかを問い、吟味することが重要です。将来役立つ知識や技術を蓄える「預金概念」から脱皮し、「活動的で協同的で反省的な学び」（佐藤著、前掲書）を追究することです。

そのためには、そのテーマとかかわって学ぶと予想される内容についての深い理解と、探求の方法についての深い理解が教師には求められるのです。このことは、教師にとって、これまで定められている教科内容を教えることよりも、ずっと高度な要請であり、力量が求められるということなのです。

③教師には高度な専門性と教養が求められる―学びの先輩としての教師

「総合的な学習の時間」が子どもたちに主体的、創造的に問題解決や探求に取り組み、「生きる力」

を形成することを求めるということは、教師自身にも同様な力が求められるということです。こうした力量を欠いた教師には、子どもたちの指導が困難だと言わなければなりません。

4. 保健の授業を考える

改正学習指導要領は、二十三年度から小学校、二十四年度から中学校では全面実施がスタートします。高校はさらに一年遅れです。

小学校の第三学年から保健の授業が行われるわけですが、はじめて保健の授業を受けた子どもたちから「保健の授業はおもしろい」、「もっと保健の授業をしてほしい」いう声が聞かれたならば、これほどすばらしいことはありません。

そうした保健の授業づくりが展開されることを願いたいものです。

そのためには、保健の授業の何を、どのように研究すればよいのでしょうか。

たとえば、日本学校保健会の「保健学習推進委員会」による『3・4年生から始まる小学校保健学習のプラン―新指導要領に基づく授業の展開』は、平成十年告示、平成十四年実施の学習指導要領を見すえて出版されました。時宜を得たすばらしい企画と言えるでしょう。

冒頭に、次のように書かれています。

「多くの先生方が、本書で示した提案を一つのヒントにして、さらに工夫・改善され、意欲的に保健学習を推進されるよう願っています。」

教材づくりや授業づくりにおける「模倣から創造へ」は、私の推奨する教師の力量形成の一つの方法ですから歓迎すべきことです。

しかし、問題なのは、模倣することから「さらに工夫・改善する」というように必ずしも歩むとはかぎらないということです。

日本学校保健会という権威あるところからの、すばらしい先生方の手による「展開例」をヒントにして工夫・改善するよりも、これによりかかって授業を実施した方が無難である、と考える先生方が現れてもおかしくありません。

❖どこを、どのように工夫・改善すればよいか

授業を見るとき、授業記録を読むときは、どこをどのように工夫し、改善するとよりよい授業になるか予想することが大切です。機会があれば、予想したことを、実際の授業で確かめてみることです。こうした積み重ねが教師としての力量の形成に役立ちます。

ここでは、先に紹介した、日本学校保健会の報告書に示されている三、四年生の指導案を対象にして検討を試みたいと思います。

①導入段階で学習の見通しをもたせることは大切か

四年生の展開例の一つとして、「育ちゆく体の変化」が取り上げられています（Aとします）。そこでの〈狙い〉は、⑴体の発育・発達は年齢に伴って変化すること、⑵体の発育・発達には個人差があること、の二つを理解できるようにする、とされています。

〈展開〉では、横軸に〈時間〉〈学習活動〉〈教師の支援〉が設けられています。一方、縦軸では、〈学習活動〉の欄に「発問」と「指示」および「予想される子どもの学習活動」が時系列で記されています。

〈学習活動〉は、次のような展開が示されています。

⑴学習の見通しをもつ
「小さい頃と比べて体が大きくなったと感じるときはどんなときですか。」
⑵自分の体の発育・発達について調べる
「一年生から四年生までの間、身長はどのようにのびてきたのでしょうか。」

一方、近藤真庸氏の『〈シナリオ〉形式による保健の授業』（大修館書店、二〇〇〇年）をみると、先行研究とも言える「出会い〝思春期のからだ〟」という授業の展開が取り上げられています（Bとします）。題材名は違いますが、対象としている〈学年〉と〈ねらい〉はほぼ同一です。

〈学習活動〉は、次のように展開されています。

(1)一年生のときからの身長の伸びの長さを測り取った紙テープを一人一本ずつ渡していく。子どもには紙テープが何の長さを示しているか、まだ言わない。

「このテープの長さは何を表しているのかな？」

(2)今日は、みんなが一年生のときから三年間でどんなふうに伸びてきたのかをみていきましょう。

Aでは、学習の見通しをもたせ、学習への意欲づけを図るために小さいときの衣服、靴などを実際に着用させ、実感させる活動をしています。

Bでは「問い」から入り、ヒントを与えながら身長の伸びを学習することになっています。

AとBとを対比した場合、次のことが考えられます。

(1) Aの入り方がすぐれている。
(2) Bの入り方がすぐれている。

(3)両者にはあまり違いがない。

これまでの授業研究の成果から推論することができないわけではありませんが、両方の授業を実際に実施し、子どもの反応を観察することが一番望ましい判定の仕方です。

こうした取り組みが、力量の形成にもっとも役立つと言うことができます。

②対比してみると検討課題が鮮明になる

AとBの授業を対比してみると、展開の仕方に異なる点が目につきます。先のように、どちらがすぐれているのだろうかと考えます。

主要なものをあげると、次の通りです。

(1)Aでは、「健康診断票」を見ながら一年間ごとに身長の伸びた長さを電卓で計算させ、折れ線グラフに表す。Bでは、紙テープに伸びた長さに線が引いてあるので、それを切らせ、糊でグラフ用紙にはらせ、棒グラフで表す。

(2)Aでは、グループで発表させる。Bでは、個人のグラフを見てわかることと、他者と比べたときにわかることとの二段階に分ける。

(3)Aでは、一~四年までの身長をグラフ化させた。Bでは、さらにゲストとしての養護教諭の身長の伸びを高校まで観察させた。最後に、「みんながこの一年でどのくらい伸びるか、予想してみましょう」と、予想させて終わる。

授業を構想するとき、当たり前のことですが、五十分という時間を考えなければなりません。Aの場合には、「授業を終えて」によれば、グラフ化させる活動で思っている以上に時間がかかってしまったと反省しています。Bのように、四年生以降まで取り上げるとなると、もっと時間を必要とします。どこで時間を捻出するかが問題となります。

授業を構想するとき大切なことの一つは、このような働きかけをすると子どもたちはどのように反応するだろうか、と予想することです。もう一つは、この題材にかかわって子どもはどんなことを知りたいと思っているか、どんなことに関心があるか、どんなことに疑問をもっているか、と予想することです。

四年生以降はどのように伸びていくのであろうかを知りたいでしょうし、また身長の小さい子どもにとっては本当に伸びるのだろうかと気にしているはずです。

こうしたことに配慮できるかどうかが、子どもたちの教科や先生の好き嫌いに影響するのではないでしょうか。

③学習が先か、見学が先か？

先の本には、三年生を対象にした題材「保健室の働きを知ろう」が取り上げられています。〈ねらい〉の一つが、「健康な学校生活を送る上での必要な保健室の働きを知る」こととなっています。

次のような、展開がなされています。（前半）

(1)保健室の働きについて予想する。

〈a〉「保健室はどんな働きをしているのでしょうか。」

〈b〉「病人やけが人がいないときは、何をしているのでしょうか。」

(2)保健室を調べる。

〈c〉「病人やけが人がいないときの保健室の働きについて調べてみましょう。」

――以下省略――

「展開」の全部を紹介した方がわかりやすいと思いますが、ここでは省略します。第一に、次のことを検討したいと思います。

「予想する」という学習（10分間）をしてから「調べる」という見学（20分間）の順序になっていますが、見学から学習への順序にしたら学習はどう変わるのでしょうか？

保健室を見学するときの「指示」は、〈c〉「～働きについて調べる」ではなく、〈d〉「保健室にはいろいろなものが置いてあります。どこに、どのようなものが置いてあるかノートに書きましょう」とします。

記入したノートを基にして、それぞれ（ベッド、体重計など）を何に使うのかを後で学習するのです。

第二に、〈a〉、〈b〉、〈c〉の「発問」ないし「指示」について検討します。

これらの発問は、⑴保健室の働きに焦点を当てるべきなのだろうか、⑵養護教諭の働きに焦点を当てるべきなのであろうか、あるいは、⑶保健室＝養護教諭に焦点を当てるべきなのだろうか？

このような三つが考えられるように、狙いをどこにおくべきかの焦点が、どうもあいまいというか、ちぐはぐなのです。

ところで、この授業のねらいの一つは、最初の「発問」に相当する「保健室の働きを知る」ということです。

一般に、教師は、この教えねばならないことを直接教えてはならないと言われます。言い換えれば、そのことをストレートに問うべきではないということです。教えねばならないことを子どもたちの学びたいもの、追求したいものに転化し、発展させていかなければならないのです。

転化し、発展させるものが「教材」であり、ここで問題としている「発問」（教材）なのです。

ところで、有田和正氏は「社会科における発問の定石化」（『授業研究』一九八五年一月号）という論文の中で次のように述べています。

「バスの運転手さんは、どんな仕事をしていますか?」

と問いかけても、子どもは動かない。手をあげる子どもは、一～二名。ところが、

「バスの運転手さんは、どこを見て運転していますか?」

と問いかけると、「そんなこと、わかり切っているじゃないか」という顔で、全員、元気いっぱい手をあげる。

この発問の効果を分析して、宇佐美寛氏は次のように指摘しています。

「経験された事実について詳細に具体的に語らせるためには、身分語でなく、知覚語で発問すべきである。」

「身分語」とは、「仕事」のような「もの離れ・状況離れをしている語」を呼び、それに対し、「知覚語」は「見る」などをいう、というのです。（なお、この知覚語については議論がなされています。詳細は、藤岡信勝著『授業づくりの発想』（日本書籍　一九八九年）を参照ください。）知覚語の方が身

分語よりも子どもの経験に近く、対象を「見る」ことができるのでわかりやすいのです。それに対して、「働き」は「見ることができない」のでわかりにくいと言えます。

ですから、先の〈d〉のような「発問」にしたらどうかと提案したのです。

改善・工夫するための検討課題は多々あります。このような書き方をすると、「先生は、先生方が努力した研究成果をサポートする立場にいるのではないのですか？」と忠告されることがあります。

私は非難しているのではなく批判しているのです。そして、批判こそ進歩の源泉となると考えています。（本項は、拙論「保健の授業を考える」健、四月号、二〇〇一年、に掲載したものであることをお断りします。）

5. 保健室の組織運営

1. 養護教諭の仕事を考える

❖養護教諭の仕事にみる三つの立場

私の狭い経験で考えると、養護教諭が仕事をする場合、実務的に言って三つくらいの立場がとられているのではないかと考えています。どのような立場に立つかによって、保健室の組織運営は異なってくるものです。

第一の立場では、保健室に問題を抱えてやってくる子どもの対応を中心に仕事を進めます。とくに問題のない子どもが来ることによって、保健室の仕事が乱されることがないように、たとえば「用事のない人の入室を禁ずる」といった張り紙を保健室の入り口に貼ります。利用規則を作ったりもします。

問題のある子どもに対しては手当てをするばかりでなく、問題にかかわる保健指導や必要とする生活の改善などに対しても助言や指示をします。

必要なときは、子どもに対してだけでなく校長、担任教師、保護者、あるいは学校医と連絡をとり情報の交換をします。

これだけでも仕事が大変ですから、それ以上のことに手をひろげないようにしているのです。要するに、限定的に行動しています。

この第一の立場は、保健室活動の原点であるとも言えます。

こうした応急処置をしっかりせずに、その他の多彩なプログラムをこなしたとしても浅薄のそしりを免れないと考えられるからです。もっとも、こうした限定的保守的な立場は現在の状況では歓迎されないかもしれませんし、古典的と批判されるかもしれません。

第二の立場では、もう少し枠をひろげて、子どもたちに体や心の問題を抱えていたり、不安を感じたり、疑問に思うことがあれば、保健室へ積極的に相談にくるように指導します。

さらに、とくに理由がなくても保健室にはいろいろなものがあるので、それらを利用してもよいと朝礼のときや、校内放送や保健だよりを通して呼びかけます。

こうすることの必要性の根拠について校長や教職員と話しあいをもち、協力してほしいと要請もします。

第一の立場が「閉ざされた保健室」運営と言うならば、第二の立場は「開かれた保健室」運営と言うことができます。

第三の立場では、保健室活動を学校保健の組織的活動の拠点と位置づけます。学校の構成員全体の心と体の健康維持・増進のために健康教育に励み、それがうまくいけば、心や体の健康問題や不適応問題を予防し、減らすことができると考えるのです。このことを可能にするためには、構成員をとりまく生活環境が改善されなければならないと積極的に取り組みます。健康づくり運動やヘルスプロモーションの理念に依拠するのです。

実現のためには、個人のみならず集団・組織を意識したプログラムが必要であると考え、重視します。

❖立場の移り変わりと健康問題の捉え方

以上の三つの立場をあげた順序は、養護教諭の仕事の移り変わりをおおむね時代順に示していると も言えます。

昭和四十年頃までは、養護教諭は「ヨーチン先生」と揶揄されたりしていましたが、その頃は第一の立場が優勢だったと言えます。第三の立場・考え方が出てきたのは、最近のことなのです。

昭和四十九（一九七四）年の保健体育審議会答申では、「死亡に直接結びつく可能性のある疾患から日常生活や学校生活に支障を及ぼす障害」へと健康問題の変化を指摘しましたが、これが保健室活動の考え方を変える契機となったとも言えます。第二の立場の登場です。

平成九（一九九七）年の同答申では、「児童生徒の体位は向上しているものの、体力・運動能力については逆に低下する傾向が続いており、誠に憂慮すべき状況にあると言わざるを得ない。また、薬物乱用や援助交際、生活習慣病の兆候、感染症、いじめ、登校拒否等、児童生徒の心身の健康問題が、極めて大きな問題となっている」とし、「『人生八十年時代』にふさわしい新たなライフスタイルの構築が求められている」と指摘しました。

考え方の変化を一層進める契機となっています。

健康問題が変化したら立場（考え方）も自ずから変化するというものでもありません。学校保健の推進者がどのような立場（考え方）に立つかに左右されます。

たとえば、ある子どものある健康問題をその当事者だけの問題と考えるか、その学級や学校の子どもたちが何らかの程度共有している問題である、と考えるかで違いが生じます。つまり、ある一人の子どもに問題が発生したとき、その子ども一人が病んでいると考えて取り組むか、むしろ学級なり学校自体が病んでいると考えて取り組むかの違いです。

また、その子ども一人の個人的な問題である、家庭の問題であるとして限定して捉えようとすると、問題の本質が見えなくなることがあるかもしれない、したがって解決策を見いだせなくなることがあるかもしれないということを考えるかどうかによっても取り組み方に違いが生じます。

❖新しい時代に入り始めた

養護教諭の責務が新しい時代に入り始めているように思われると指摘している一人に、臨床心理学者の國分康孝氏がいます。(國分編集代表『保健室からの育てるカウンセリング』図書文化社、一九九八年)

國分氏は、「保健室相談活動の門外漢の私にとっても」と前置きし、文部省(現文部科学省)の各審議会の答申を読んでの印象として、「新しい時代に入り始めた」という意味を次の三点に求めています。

第一の意味は、受け身タイプの診療的な保健室から、能動的なリーチアウトタイプ(reach out type 押しかけ方式、出前方式の意)の保健室に変わりつつあるということ。

第二の意味は、養護教諭は心理相談のプロであることが期待され始めていること。「治すカウンセリング」と「育てるカウンセリング」のうち、とくに後者のプロフェッショナルであれということ。

第三の意味は、学校の中での「心の居場所」として保健室は市民権を得つつあり、「心のふれあいセンター」の機能を保健室は期待され始めたということ。「ふれあいの場づくり」をすることで、学校にヒューマニティを回復する先兵になること。

國分氏の考える能動的なリーチアウトタイプの保健室は、前述の第三の立場とほぼ同一ということができます。

もし違いがあるとするならば、健康教育を推し進めると考えるか、育てるカウンセリングを推し進めると考えるかの違いです。

❖何に着目し、何を推し進めるか

私は大学院で教育学を専攻し、そこから学校保健や健康教育を専門とする道を選びました。三十年前など、日本学校保健学会の役員会に出席すると、私のような立場・考え方をする役員はいませんでした。非常に違和感を抱いたものです。

それはおそらく、教育学を専攻したか、医学を専攻したかのバックグラウンドの違いによっていたのでしょう。私はこうした違いを埋めようと努力するようになりました。

しかし、三十年が過ぎた、いまでも、立場・考え方に違いがあることを意識することは少なくありません。

どのような教育を受けてきたのか、どのような先生や書物に出会ってきたのか、どのような出来事に出会ってきたのかによって、人それぞれ違いがあるのは当然なことなのでしょう。大切なことは、こうした違いを感じたときには、その違いを認め話しあうことです。

ちょっと脱線しますが、この「出会い」ということについて、一九九八年の日本学校保健学会の特別講演者であった村上和雄氏は「幸運な偶然の出会い」をするには三つの条件が必要と述べています。(『人生の暗号』サンマーク出版、一九九九年)参考までに記しておきます。

1.「こういうことをやりたい」という明確な目的意識があること
2.目的に向かってひたすら努力を重ねていること
3.何かの障害があって手詰まり状態になっていること

いろいろな「出会い」を自分のものにすることができるかどうか、それはそう簡単なことではありません。

一定の熟した条件をもっていなければ、偶然な「出会い」も存在しないのです。

よい「出会い」をするためには、仕事に真剣に取り組んでいることが大切なようです。

ところで、先に紹介しましたが、養護教諭の先生方に接していても立場・考え方の違い、より平易に言えば、関心をもっていることや研究していることが、それぞれにさまざまであることがよくわかります。

エイズ教育に力点を置いている養護教諭、性教育に、ヘルスカウンセリングに、保健の授業に力点を置いている養護教諭とそれは多様です。

それでいいと思うのです。

大切なことは、自分の立場・考え方に自信・信念をもつことです。自信がないままに仕事をして、人に批判されると簡単に立場・考え方を変えてしまうぐらい困ることはありません。

だからといって、他の人の立場・考え方を否定したり、非難することは愚かなことです。

どのような立場・考え方がすぐれているのか、そう簡単に断定できるものではありません。

養護教諭の仕事をしている仲間として、お互いの立場・考え方を尊重し、お互いが謙虚に学びあい、仕事の質を深めていくことが大切なのです。そうすれば、新しい進むべき方向性が見えてくると思うのです。

どうも私たちは、謙虚に学び、深めるということが下手なようです。このことを自覚しないかぎり、進歩することは不可能に思えます。

ともあれ、いま、養護教諭が先に述べた第三の立場で仕事を進めるためには組織をつくり、組織的活動を展開することが不可欠ですが、そのためには周りの人々に養護教諭の立場・考え方を理解してもらうことから出発しなければならないと思います。（本項は拙論「養護教諭の仕事にみる三つの立場」健、十二月号、一九九九年、に掲載したものを加筆訂正したものであることをお断わりします。）

2. 学校運営と保健室活動

❖養護教諭の専門性の活用

次の一文は、平成十年九月の中央教育審議会答申「今後の地方教育行政の在り方について」に記載されたものです。

「養護教諭、学校栄養職員、学校事務職員などの職務上の経験や専門的な能力を本務以外の教育活動等に積極的に活用するとともに、学校教育相談や進路相談などの分野において学校内外の専門的知識を有する者を活用し必要に応じて校内の生徒指導組織等との連携を行うなど学校内外の多様な人材を積極的に活用する方策を検討すること。」

養護教諭は学校内の「専門家」として位置づけられ、その職務上の経験や専門的な能力を本務以外の教育活動に積極的に「活用する」かどうかは校長・教頭のリーダーシップに置かれています。つまり、養護教諭の能力を本務以外の教育活動に活用するかどうかは、校長・教頭の構想力や調整力に求められているのです。

次の一文は、平成九年九月の保健体育審議会答申『生涯にわたる心身の健康の保持増進のための今後の健康に関する教育及びスポーツの振興の在り方について』の中に記載されたものです。

「健康教育は広範かつ専門的な内容を学校の教育活動の様々な場で指導していくことが必要であるので、学校の中にいる専門性を有する教職員や学校外の専門家を十分活用していくことが、効果的かつ実践的な指導を行う上でも、極めて重要である。～中略～このように学校における組織的な指導体制を整備するためには、まず校長が健康に関する深い認識を持ち、健康教育を学校運営の基盤に据えることが重要である。その上で、校長のリーダーシップの下、教頭、体育・保健体育担当教員、保健主事、学級担任、養護教諭、学校栄養職員等はもちろん、～中略～組織的な機能を発揮できるよう、指導体制を整えることが必要不可欠である。」

当然のことながら、中央教育審議会とほぼ同じ趣旨のことが記載されています。

ここでも、養護教諭が専門性を発揮するかどうかは、「校長のリーダーシップ」にかかっているとされています。

❖養護教諭の本務以外の教育活動

確かに、二つの審議会の答申の通り、養護教諭の専門性を養護教諭の本務以外の教育活動等に積極的に活用するかどうかは、制度的には校長のリーダーシップにかかっています。

第一章でも述べましたが、ここでいう本務以外の教育活動ができるように文部省（現文部科学省）は教育職員免許法を改正し、周知のような養護教諭が保健の授業をできる措置をとりました。また、養護教諭の保健主事への途が開かれたのもその一つと言えます。

なお、学校栄養職員に対しても、一九九八年六月、「食教育の充実」をめざして各都道府県教育委員会などに通知し、教壇に立てるようにする措置がとられ、現在では栄養教諭が存在します。

ところで、本務以外の教育活動等の一つが保健授業の担当であることや、保健主事になれるということは、制度的にいって首肯できることです。制度が硬直化し、実態にそぐわなくなっていたとも考えられるからです。しかし、これら、とくに保健主事の仕事が養護教諭の本務以外の教育活動としてとどめておくべきかどうかは慎重に検討されるべきことです。（第一章参照）

それはさておき、次の文章はどう評価すればよいのでしょうか。

教育経営学の専門家が『教職研修』という月刊誌に「学校以外の人材をどう活用していくか」と題した論文のなかで述べていることです。

「端的にいえば、養護教諭・学校栄養職員・学校事務職員などが職員会議等の場に参加し、学校運営に参画することによって、子どもたちが校内で接する人間関係の広がりが期待できることである。多くの大人の眼が子どもたち一人ひとりに注がれることにもなろう。

また、学校において営まれている諸活動は、いろいろな人々の協力によって行われている。つまり、『学校』というひとつの社会が営まれていることを子どもたちが気づくためにも、養護教諭や学校栄養職員・学校事務職員・用務の職員らが積極的に参加する学校づくりが必要であると考えられる。」

また、次のようにも述べています。

「だが、教師以外の『専門家』に教師と同じことが期待されているわけではない。同じ役割を求めるのは無理があるし、せっかくの『専門性』を殺しかねない。本来の『専門性』を生かしてこそできる学校運営への参画を求めることが必要である。同じ話し合いの『場』で、教師とは違った目で気づいたことを指摘してもらい、それを学校運営に生かすという意識が大切である。」

長い引用をしましたが、私はこの文章を読んで動揺してしまいました。

教育経営学を専門とする人たちは、養護教諭の本務や専門性、そして養護教諭の仕事の実態をどのように認識しているのだろうかと思ったのです。校長や教頭はこの程度の認識もないというのでしょうか。

このことが、この文章を書いた教育経営学の専門家の個人的な特別の見解とは考えられないだけに、ショックだったのです。

もし「活用する」ということがこのレベル、たとえば職員会議への参加や教諭とは違った目で気づいたことを指摘するということであるならば、これまでにも、当然行われていることでしょうし、いま、改めて論ずるまでもないことだと思います。

しかし冷静に考えてみれば、こうした事実は、養護教諭の果たしている日々の努力が、校長や教頭などによってじゅうぶんに認識されていないことを物語っているとも言えるのです。

養護教諭は、もっと自分たちの仕事を理解してもらう努力を払わなければならないのでしょう。

❖本務以外の教育活動等

繰り返すことになりますが、二つの審議会答申が「活用する」必要性を指摘しているのは、じゅうぶんに活用されていない状況にあるとの認識によっているからでしょう。

さらにまた、これまで「本務」以外の教育活動を妨げる要因があったことも事実です。たとえば、昔からよく言われていることに次のようなことがあります。

養護教諭は一校一人という少人数配置なので「本務」だけでも多忙であるうえに、他の役割を期待されても、という消極的な声です。

仕事の量だけの問題ではありません。一校に一人ということは、同じ一人であっても新採用の養護教諭がいる一方、三十数年の経験のあるベテランの養護教諭がいるということであり、新採用の養護教諭に保健主事の仕事を果たせといっても無理であるという声があります。

また、大多数を占める教諭のなかには、異なる職種の人が学校の運営に加わることに違和感をもつ人がいるようです。自ら加わろうとしても、受け入れられにくい雰囲気がある、という指摘もあるのです。

しかし、こうした阻害要因はこれまでに大部分克服されてきているでしょうし、克服の方法論が見いだされてきてもいます。

だとするならば、いま問題としなければならないことは何なのでしょうか。

養護教諭を「活用する」という答申を読んで気づいたことは、先にも指摘しましたが、養護教諭の「本務」と「本務以外の教育活動」を改めて検討し、具体的に明確にすることが必要だということです。

平成十二年七月号の雑誌『教育と医学』は、「スクール・メンタルヘルス」が特集でしたが、その中で、小学校の養護教諭である梶山美智子さんが「保健室からみた子どものメンタルヘルス」について述べていますが、次のような文章が目にとまりました。

「～保健の授業もできるようになったり養護教諭への期待度はぐんぐん高まるのだけれど、子どもの生の心とからだのことはぬきにできません。あれもできる、これもと増えても、削るものは少なく（ああ、しんど）が実感。学校の規模によるけれど、ゆったりと時間が流れる保健室もあれば、トイレに行っても放送で『保健室におもどりください。』と呼ばれる保健室もあるのだから、できることを選んでいくことですね。〜」

このように感じている養護教諭は少なくないと思います。

今後は、養護教諭の「できることを選んでいく」ことの判断力が問われ、判断に基づいて実践するその仕事が、評価されることになります。一人ひとりの養護教諭が責任をもって適切な判断をくださなければ、ぐんぐん高まった養護教諭への期待度もバブル現象として消え去ってしまうに違いありません。

「できることを選んでいく」ためにも、「本務」と「本務以外の教育活動」を明確にしておくことが必要なのです。とはいえ、ここからここまでは教諭による仕事と境界線を明確にしなければならないという意味ではありません。

そんなことをしたら、教育活動は硬直化し円滑に進めることができません。子どもにとっては至極迷惑なことです。

しかし、こんなことにめくじらを立てて議論しなくてもよいような共通認識・了解事項といったものを、実践を通して確立しておかなければならないと考えるのです。

❖全校的な協力体制と仕事の連携

教諭と養護教諭とが全校的な協力体制のなかで、お互い信頼しあって連携して仕事を進めていくようにするためには、どうすればよいかは重要な研究課題です。

このことに関しては、東山書房から出版された藤田和也著『養護教諭の教育実践の地平』の「5. 保健活動の渦づくり・学校づくり」が参考になります。

参考までに、そこに取り上げられている項目を紹介しておきます。

1. 保健活動と養護教諭
2. 渦づくりの条件
〈子どもの実態が起点になって渦ができる〉〈学校・職場に合わないと渦になっていかない〉〈家庭の意見・要求を取り込んでこそ本物の渦になる〉
3. 渦づくりの要点
〈職場の問題認識の共有と合意をどうつくるか〉〈保健部組織が渦の起動力〉〈ストラテジーをもつ〉
4. 渦を支える多様な連携
〈養護教諭の職務特性―連携〉〈職場の教師たちとの連携〉〈保護者とのつながり〉
5. 渦づくりから学校づくり
〈全校で取り組む「からだの学習」から教育課程づくり・学校づくり〉〈保健室づくり・心の相談援助体制づくりから学校づくり〉〈小規模校における養護教諭の学校づくり〉

ここでの「渦づくり」とは、「ある具体的な課題に職場の教職員集団で取り組むために活動を組織していくこと」であり、こういう言い方をするのは、「少しずつ職場の教師たちを巻き込みながら、取り組みの渦をしだいに大きくしていくイメージで保健活動をとらえたいからである」としています。

しかし、校長・教頭という管理職員についての用語は、小規模校の教員構成を紹介するところの一か所にしかでてきていません。

保健活動の渦づくりは、養護教諭のリーダーシップのもとに進められるし、学校づくりにまで発展させることが可能であると養護教諭の実践を基に述べています。もちろん、校長・教頭のリーダーシップがあってこそ可能だったのでしょうが、校長のリーダーシップを発揮できる土壌は養護教諭がつくりだしているのです。

なお、こうした「渦づくり」は保健主事の仕事であるとも言えるのでしょうが、藤田氏は「保健主事の仕事は養護教諭の『本務』に位置づけたほうが妥当である」という保健主事制度不要論の主張のもち主なのです。（第2章の「1．保健主事としての仕事も担う養護教諭」の項で詳しく述べましたので、参照ください。）

第4章

養護教諭の研究…力量形成のために

養護教諭という職種が専門職（profession）であるとか、専門性をもっていると位置づけられているということは、養護教諭の仕事が素人や準専門職の人には果たせない高度な判断を必要とすることを意味しています。

そのような専門職に携わる人は、長期の専門教育を受け、所定の免許をもっていることが条件とされるのが一般的です。こうした条件を備えているがゆえに、専門職には職務遂行上の自由、つまり自律性（autonomy）が与えられるのです。

専門性ということには、もう一つの意味があります。

それは、独特な専門的機能を果たしているということです。つまり、その職種でなければできない、他の職種には代行できない機能ということです。すなわち、学校における養護教諭の仕事は、養護教諭でなければ果たすことができないということなのです。養護教諭の専門性というものは固定的なものではなく、時代と共に変化・発展するものであり、専門的力量を維持・発展させるためには絶え間ない研修が必要です。

こうした問題に取り組んでいるのが、日本養護教諭教育学会です。

1. 力量形成をめぐる課題

1. 力量を高めるために

❖研究的態度で仕事に取り組む

有田和正氏の「試食コーナー」という実践はすばらしいものです。有田氏の著書を読み、感動したエピソードの一つに、私が勝手にこのように命名し、講演などで紹介させてもらっています。次のようなエピソードです。

有田先生が受けもったクラスの中に反応しない、動かない子どもがいたそうです。彼は、その子どもがみんなと同じように反応する、動く子どもになってほしいと願います。

そこで、その子どもの特徴を把握するために、その子を四六時中観察し続けました。そして、わかったのが、その子には給食時に食べる勢いがあるということでした。この「食い気」にかかわる学習活動をさせれば、その子が動くのではないかと考えたわけです。

では、どのような活動をさせればよいのだろうかと考え続けます。ある時、デパートの地下の食品売り場を歩いていた折、試食コーナーで試食を勧められ、そのとき、「どんな食品を試食させているか?」という宿題を出せば、あの子は動きだすのではないかと思いつくのです。翌日、さっそく宿題を出し、一週間後に提出するように指示します。

結果は成功でした。その子どもがクラスの中で一番多くの食品名をあげてきただけでなく、「売るためには少しだけ試食させるのがコツである」といった意味のことを書き添えてきていたのです。

有田氏は、その子の宿題のすばらしさをクラスの子どもたちに紹介し、賞賛しました。これを契機にして、その子は自信をもち、学習活動に積極的に参加するようになったそうです。動くようになったのです。

このような子どもと対面したとき、教師は何とかしたいと問題意識をもち、解決したいと考えるものです。

この有田氏の実践について検討して言えることは、子どもに働きかける時は、(1)子どもをよく観察し、(2)子どもの特徴(長所)を把握し、(3)それのプラスの方向(特徴を伸ばす)に働きかけるとよい、ということでしょう。

同じようなケースに当面したら、このやり方でやってみるのです。うまくいく場合もあれば、そうでない場合もあるでしょう。

なぜそうなるのかを検討し、繰り返しているうちに、手続きと方法は洗練されていくものです。

❖研究的な取り組みが必要

こうした実践、つまり予想・仮説―検証という研究的な取り組みが養護活動を洗練させるし、養護教諭の力量を高め、実践することに自信をもたせてくれます。

さらに、自分のうまくいった実践から導き出された研究成果は、自分だけのこととして終わらせるのではなく、同じような問題をもった子どもに当面し困っている仲間（養護教諭）にも活用してもらうよう発表するのです。

つまり、研究発表するということには、仲間に確かめてほしい（追試）、役立ててほしい、という強い願いが込められてしかるべきなのです。確かめてもらうためには、再現可能なようにその方法が記述されていなければなりません。

したがって、少々厳しい表現になるかもしれませんが、仲間にわかってもらえないようなものは発表するに値しないということができます。研究発表には、聞いてくれる相手に理解してもらえるための工夫が必要なのです。

だからこそ、私は養護教諭の先生方が取り組む研究は、日常の仕事で当面する問題を解くのに役立つ、実践的な研究に力点を置いてほしいと思うのです。

過日、意識障害患者の看護ですばらしい成果を上げている、紙屋克子氏の著書（『私の看護ノート』医学書院、一九九三年）を読みました。仲間の看護婦が看護に見切りをつけて辞めていくのを知り、何とかしたいという意識が自分を研究（看護技術の開発）に専念させる原動力の一つとなった、ということを知り感動させられました。

役立つ研究といえば、先の有田氏の実践にもどりますが、動かない子どもに接した場合、有田氏のやり方とは違って、なぜ子どもが動かないのかと過去にさかのぼって原因探しをする場合が少なくありません。

たとえば、生育歴を調べたり、子どもをとりまく人間関係などを詳細に調べたりして、母親の子育てに問題があった、という具合に結論づけるのです。仮にこの結論が正しかったとしても、それで終わってしまうのであれば、この動かない子どもを動かすためにはどのような働きかけをすればよいのか、といった問題はまったく解明されていないことになります。

断っておきますが、原因探しがまったく意味がないというのではありません。確かに、こうした動かない子どもの原因が明らかになり、類型化されるのであれば、今後同じような問題を発生させない予防のためや、子育てのために必要な知見となると言えます。

❖「なぜ」と「どのようにしたら」

「学校保健委員会はどのようにしたら活発になるのでしょうか？」「小学校の性教育はどのようにしたらよいのでしょうか？」「課題学習は、どのようにすすめたらよいのでしょうか？」というように、養護教諭の先生方から投げかけられる質問・疑問の多くは「どのようにしたらよいのですか？」といったものです。

すぐに使える具体的な方法が求められているようですが、それは、それだけ切羽詰まった切実な問題を抱えていると考えることもできます。しかしこの時、ちょっと立ち止まって「なぜ学校保健委員会を設ける必要があるのだろうか？」「なぜ、いま小学校に性教育が必要なのだろうか？」「なぜ、いま課題学習が注目されるのだろうか？」などと問うてみてはどうでしょうか。

「どのようにしたら」という方法だけを一生懸命考えても、うまい考えはなかなか生まれてこないものです。

こうした場合、時間がかかるかもしれませんが、「なぜ？」と原点にもどって考えてみるのが一番です。そうすると、そこからいろいろとヒントを得ることができるものです。

改めて問いなおしてみると、「なぜ？」という疑問に対して、意外にも答えられないようなものは、常識的にそういうものだと考えられていることが多いものです。ですから、もし仮に疑問をもったとしても、こんなことは疑問に思う必要はない常識的なこと、言い換えれば幼稚なことと考えて、他の人に聞いてみる、あるいは、口に出してみることに抵抗を感じるのです。

仮に車を運転できたとします。しかし、「車はなぜ動くのだろう」という疑問をもつことは少ないでしょう。しかし、それをあえて、「なぜ?」と考えてみると、それに対して答えることができないことにも気づきます。確かに養護教諭の仕事をしていると、先にあげたような「なぜ?」という疑問を人に聞くことには抵抗を感じるでしょうし、恥ずかしいとも思うでしょう。

しかし、「なぜ?」という疑問から研究はスタートし、発見が生まれるものです。

❖資料を「概念」で整理する

「最近、わが校(中学校)にも保健室登校の子どもが多くなりましたので、適切に対応してください」と、職員会議でお願いをする養護教諭がいるとしましょう。

このような言い方では、先生方に現象を語り、注意を喚起したにすぎません。こうした現象があることを示し、抽象的な提案をするだけであれば、何も養護教諭でなくとも、担任教師にでもできることです。

しかし、保健室に記録されている情報を、たとえば、「学年」という概念で整理してみます。「一年生に多い」という事実がわかれば、その事実をもって提案するのです。さらに、「友だち」という概念で整理してみます。たとえば「保健室登校の子どもには友だちが少ない」という事実が浮かびあがってきたとすれば、友だちづくりを考慮してくださいという具体的な提案をすることができます。

この他にも、もっと、いろいろな概念で整理してみれば、もっといろいろなことを発見できるでしょう。こうしたことは、記録された資料を手元に保管している養護教諭のみができることなのです。こうした具体的な事実を発見したとき、養護教諭は職員会議において、自信をもって提案することができるものです。

そうした事実を踏まえた上での、自信をもった提案は他の先生方を納得させ、動かすものとなります。それればかりではありません。そうした努力に対して、人（先生方）は報いなければならないと考えるものなのです。

プロとしての養護教諭の仕事は、「研究的態度」で取り組まなければできるものではありません。（本項は拙論「養護教諭の仕事には研究的態度が不可欠」『学校保健のひろば』第七号、大修館書店、一九九七年に加筆修正を加えたものです。）

2．実践を「研究する」……協同研究のすすめ

❖養護教諭と研究

養護教諭の先生方が学会や研究会に参加する機会が増えました。「勉強しにきたので聞くだけ」という参加のしかたから、発表し討論に参加するようになりました。

とはいっても、すでに一九六〇年代中頃から茨城大学の小倉学氏によって養護教諭を志望する学生や養護教諭との共同研究が精力的に進められていました。それらの研究成果は『養護教諭の職務研究』（東山書房）や日本学校保健学会の機関誌である『学校保健研究』や月刊誌『健康教室』などで発表されていました。

これは、小倉氏に聞いたことですが、「養護教諭の専門性が確立されていない現在、私一人で研究を続けているのでは何十年かかるかわからない。だから、学生に協力してもらい共同研究をすすめる」と話していました。小倉氏が取り組まなければならないと考えている研究テーマを多数あげ、学生にその中からやりたいテーマを選択させ、それを卒業論文として取り組ませていたのです。

このようにして、小倉氏自身の学的構想をどんどん膨らませていたのです。

これらの研究は、とくにデータが少ないという問題がありましたが、養護教諭や学校保健の研究者が取り組むべき研究の領域や方法に対して多大な示唆を与えたのです。

小倉氏の養護教諭や学校保健に関連する著書に記載されているデータの大部分は、こうした共同研究の成果であったのです。

ともあれ、小倉氏の問題意識は鮮明でした。

養護教諭の専門性の確立であり、学校保健の学的体系化でした。しかも、氏は常に「実践なき理論は不毛である」と主張し、指導をしていました。つまり、実践の理論化を強く意識していたのです。もちろん、「理論なき実践も不毛なり」とも指導していました。

❖理論と実践の関係

小倉氏の先導的研究から三十数年が経過しています。

一九六〇年代の日本学校保健学会の会員数は六百人程度であったのですが、現在は二千人を超えていることからも明らかなように、冒頭に述べたような状況が作りあげられました。その結果、新たな問題が生まれてきています。

一口で言えば、「実践に役立つ研究をする」や「実践を研究する」という問題意識が稀薄な研究の出現です。

というよりも、実践的研究よりも科学的研究を志向する傾向が強くなったのです。学校保健研究の専門化と科学化が、「理論（研究）」と「応用（実践）」を乖離する方向へ発展し、学会誌などで原著論文として採択されやすい前者の研究が多くなったようにも思われます。言い換えるならば、「意味のある研究が少なくなった」と表現したほうが妥当なのかもしれません。

こうした乖離の傾向や方向は決して望ましいことではありません。

話がとびますが、佐藤学氏は教育心理学の理論的研究と教育実践の実践的研究との関係について、三つに大別して認識することができると、「理論と実践の三つの関係」と題して次のように述べています。（佐伯胖他編著『心理学と教育実践の間で』東京大学出版会、一九九八年）

やや難解ですが、紹介しながら「実践を研究する」という表題に迫りたいと思います。

三つとは、次の三つの立場です。

1．教育実践を科学的な原理や技術の適用として認識する立場
2．実践の典型化による理論の構築を追求する立場
3．教育実践を教師が内化している理論を外化したものとみなし、教育実践を創造する教師と子どもの活動において内在的に機能している理論を研究対象とする立場

小倉氏の研究は佐藤氏の論によれば、1．の「理論の実践化」を志向する立場に立っていたと言えます。

研究者は、実践の「内」に立つのではなく、「外」に立ち思考するのです。そして、養護教諭に可能なのは「理論」の創造や構成ではなく応用と適用であり、養護教諭は「実践（practice）」よりも「実施（implementation）」に関与するのです。

2．の「実践の典型化としての理論」を追求する立場は、先の有田実践で示した通りです。養護教諭の実践で言えば、たとえば「大塚睦子の実践」や「富山芙美子の実践」などが対象にされ、（拙著『養護教諭のしごと』ぎょうせい、一九八一年参照）、保健の授業で言えば「千葉保夫の実践」などが対象とされ、典型化による理論の構築が試みられています。

すぐれた保健活動や授業の典型化（一般化）の研究であり、佐藤氏の論によれば、「すぐれた実践」

の技法を一人の名人芸ではなく誰でもが共有し得る技術として一般化し、養護教諭の保健活動や保健の授業を改革する運動へと導いたのです。

佐藤氏によれば、この「実践の典型化」を追求する研究の問題点は、「多様な教育実践の中に共通性を見いだし、教師の仕事を画一化する傾向を持っている」ことにあると指摘しています。

３．の「実践の中の理論」の研究の特徴について、佐藤氏は次のように述べています。

「教師や子どもが内面化している『理論』の所産として教育の実践を認識するところにある。この立場においては、あらゆる活動は活動主体に内面化された理論の追求であり、あらゆる実践は理論的実践である。したがって、この立場の研究者は『活動科学（action science）』を志向しており、『実践的認識論（practical epistemology）』の構築を追求している。」

つまり、ここでいう理論とは、「活動に内在して機能している理論であり、実践の内側で機能している理論」なのです。

❖フィールド・ワークの方法に活路

長々と佐藤氏の論を展開してきました。これらは教育心理学者に対しての提案です。なかでも、３がとくに大切だと思うのですが、参与観察によるフィールド・ワークの方法に活路を見いだしていくべきであると主張しています。

この参与観察によるフィールド・ワークには大別して、「観察・記述・概念化」の研究と、アクション・リサーチの方法の二種類があります。

実践の探求を行うためには、研究者自身も教師と共同する一人の実践者として保健活動の改善に参加することが求められています。

それは、保健活動の実践的な探求において、観察者の立場から見える世界と実践者の立場に立たないと見えない世界との違いは大きいからです。そんなこともあって、いま、研究者は自分の身体を実践の文脈に投入し、新しい知の創造に取り組みだしているのです。

こうした研究スタイルがアクション・リサーチです。

養護教諭の先生方は、このような状況にあることをうまく活用することです。つまり、研究者と協同して、あるいは援助を求めて、自分自身の仕事を改善する過程自体を研究の対象とすればよいと思うのです。

もちろん、養護教諭と研究者が一緒に研究したとしても、佐藤氏の論を借りれば、「両者の志向の性格と目的は異にしている」のです。

教師の「実践的探求が実践の発展を目的としている」のに対して、研究者の「アクション・リサーチは、教師と協同で『実践の中の理論』の創造に携わりながら、究極においては、理論それ自体の発展を志向し、（心理学の）理論の創造に責任をおっている」（括弧は筆者）ということになるのです。

❖学校保健研究者と養護教諭の間

学校保健学は、学校保健活動において主要な役割を果たしている、養護教諭の先生方の実践に役立たなければならないと考えています。

そしてまた、学校保健学を研究している人たちは、皆そう考えて研究に取り組んでいるはずですが、必ずしも実践に役立っているとは言えないのが現実です。

弁解することになりますが、理論を実践に役立たせようと考えている私たち研究者が、残念ながらというよりも恥ずかしいことに、「自ら実践の中に入り込む」ことを避けているところがありますし、またそうした研究条件下にないことも事実です。

いま、実践経験のない、あるいは少ない私たちのできることは、養護教諭の先生方が自らの実践を反省する、実践知を形成していくときに参考にできるような知を提供するということにすぎないのです。

ところが過日、養護教諭の先生方と話し合う機会があったのですが、その折、「大学の〇〇先生のいうことはおかしいと思うのです」といった発言が少なからずあり、考えさせられてしまいました。「おかしいと思った時、おかしいと発言しました?」と尋ねてみたところ、「そんなことを言うことは大学の先生に失礼になります」とのことでした。

しかし、私は「おかしいと思っているにもかかわらず、おかしくないといった顔をしながら聞いていることの方が失礼に当たる」と考えるのです。

養護教諭の先生は、このこと（実践）に関しては大学などの先生よりも自分の方が専門家であると、もっと自負心をもつべきだと思います。養護教諭の先生も大学の先生も学校保健活動をよりよいものにしたい、という志は同じです。お互いがおかしいところはおかしい、と率直に言い、聞くべきことは謙虚に聞くという緊張関係にあるとき、お互いが進歩すると考えるべきだと思うのです。

繰り返しますが、養護教諭の先生方と私たち研究者とが、実践の事実に即して真剣な討論を積み重ねていくことが、「実践知」と「科学知」をより実りあるものにしていくと考えます。なお、ここで「実践知」という表現を用いましたが、哲学者である中村雄二郎氏は「科学の知」に代わる「臨床の知」を提唱し、次のように述べています。


「科学知が『物事をすべて対象化して、自然的事物としてとらえる捉え方であり、その特色は物事からそれがもつ感覚的でイメージ的な性格をとり去って、一般に対象を経験的で分析的にとらえることにある』が、『人間を一個の全体的存在としてその現象を研究しようとするとき、観察者と被観察者との『関係』を不問にすることはできない』と『臨床の知』を提唱し、それは『物語る、つまり、それを語る語り手の主体的関与があって、はじめて成立する』というのである。人間を対象とするときは、(1)対象を『客体』として突き離さない　(2)『相互主体的かつ相互作用的にみずからコミットする』態度によって、現象にかかわる　(3)『普遍主義の名のもとに自己の責

任を解除しない』、ことが大切であるという。」（中村雄二郎「臨床の知とは何か」岩波新書、一九九二年）

このことについて、河合隼雄氏は次のように述べています。

『現象の外側に立って観察したり操作したりするのではなく、現象の中に自らも入りこみながら、しかも自分の足場を失ってしまうことがない』ことが要求されるのです。」（河合隼雄「人の心はどこまでわかるか」講談社新書、二〇〇〇年）

3．専門職としての「自覚と誇り」をもつ

最近騒がれている学級崩壊などの報道に接すると、学校保健関係者、なかでも養護教諭の先生方がもっと積極的に学校教育の運営にも参画し、発言していかなければならないのではないかと考えます。

それは、学校教育に学校保健の思想を徹底することと、今日的な研究成果を導入することによって、学校教育の再生の途が開かれてくると思われるからです。

言い換えれば、養護教諭が健康な子どもを育てることに対して主体的責任を果たそうとするのであれば、学校教育の運営にも参画し、発言しなければ展望がもてないと言っても過言ではありません。つまり、養護教諭が「養護をつかさどる」プロとしての自覚と誇りをもつならば、自らそうした姿勢をとらざるを得なくなるとも考えられるのです。

❖仕事の量と質

自覚と誇りをもつことに深くかかわるのが、仕事の量と質の問題です。量と質のバランスを失ったとき、専門職としての自覚も誇りも失ってしまうからです。

このところ養護教諭の仕事の量は増加の一途をたどっています。子どもの健康問題の多様化・複雑化・長期化・個別化などによりますが、量的に限界に近いということから、複数配置を要求することになりました。それからかなりの年月を経ていますが、いまだにこの要求は実現していません。

他のところでも紹介しましたが、ようやく、第七次公立義務教育諸学校教職員定数改善計画が公表され、「養護教諭に係る義務教育諸学校職員定数改善について」によって、養護教諭の複数配置の改善数が小学校で八五一人以上、中学校で八〇一人以上、特殊教育諸学校で六十一人以上と示されました。ともあれ、量的に限界に近いということは、これ以上仕事の量が増えると、仕事の質が低下する恐れがあるということです。

量的増加による質の低下の問題だけではありません。

養護教諭の仕事の質の向上への強い要請が、子どもたちばかりでなく、同僚の教師や父母からも寄せられているのが現実です。これらの要請に応えるべく、仕事の質の向上のためには、仕事の量をこれ以上増やさないようにするばかりでなく、これまで以上に仕事の能率化・合理化を図る必要があります。

この方策の一つが複数配置であり、コンピュータの活用であると言えます。

ところで、「専門性を高める」ということで要求されることは、仕事の量の問題というよりも質の問題のように思います。近年、注目され強化されてきたことは、この質の向上の問題です。

養護教諭教育（養成教育・採用・現職教育）が叫ばれるようになったのは、専門性の確立、つまり質の向上をめざしてのことです。

こうした質の向上をめざしている渦中に、冒頭で述べたように、ここ数年、量の問題が急激にふりかかってきています。実質的な子どもの健康問題の増加ばかりではありません。ここ数年間に明文化された保健主事登用の途、健康相談活動の強化、保健授業を担当できる途などの施策が、仕事の量にかかわってきているのです。

ひょっとすると、このように考えることには、問題があるかもしれません。というのは、これらの施策にかかわる仕事は、何もいま始まったことではなく、すでに実質的には養護教諭が実施してきたことであり、単に法的に整備されたにすぎないのだという意見もあるからです。

だとすれば、むしろ、量の増加の歯止めに働くとも考えられるのです。

ともあれ、自覚と誇りをもって子ども、教師、そして父母から信頼される仕事をするためには、仕事の質が低下しないように、自分のできる仕事の量を緊急性と優先性の視点から適切に判断し、選別し、責任をもって仕事に当たらなければならないのです。

もし、仕事の質の低下によって信頼されなくなったとしたら、自覚も誇りもあったものではありません。

❖資質向上をめざす

養護教諭としての、仕事の質の向上のためには、何よりも養護教諭の資質向上が必要です。私が資質向上について考えるときにすぐに頭に浮かんでくることは、先にも触れましたが意識障害患者の看護に取り組んだ紙屋克子氏の話です。

以前、紙屋氏に、氏を仕事の質の向上に駆り立てたものが、いったい何なのかを知りたくて、話をうかがったことがあります。

紙屋氏がどのような仕事に取り組み、どのような成果を上げたかを知るには氏の著書『私の看護ノート』（医学書院、一九九三年）を読まれることをお勧めします。

やや長い引用になりますが、『私の看護ノート』の中に次のようなきわめて印象的な文章があります。

「もし意識の障害やその他の障害があるために意思を伝えられない人がいたら、看護婦はその人の意思を代弁し、コトバ以外のコミュニケーションを探さなければならない。

～中略～

確かに大変なことであるが、それをしないわけにはいかないと思う。意識を失った人にその努力を要求することはできないのだから。

だが、すべての患者は表現している。彼らは全身で、生命の営みで表現しているのである。彼らの生きて在ることを。

看護婦は、患者の状態を安定させ、より良い状態に変化させて、社会復帰させる役割をもって患者とともに在る。どんなときにも患者から逃げず、常に問題を尖鋭にして患者から学ぶことが大切ではなかろうか。」

前述しましたが紙屋氏が、看護を専門職として高める取り組みに駆り立てられたのは、仲間である看護婦が途中でやめていくのをみる「つらさ」だったと言います。その「つらさ」から導き出した結論は、看護婦としての仕事を確固たる専門職として位置づけたならば、仲間を失うことはなくなるだろうということであったのです。

そして、専門職として位置づける取り組みにおいて妨げとなるもの、言い換えると、敵となるものは、次の三つであると言います。

一つ目が「医師」
二つ目が仲間である「看護婦」
三つ目が「自分」

参考になりますので、養護教諭にあてはめて簡単に説明しておきます。

一つ目の「医師」ですが、仕事で対立するのは医師とであると言います。いかなる対立も我慢できる、克服できるのは、共に患者のための仕事に取り組んでいるという自覚と誇りによるというのです。養護教諭も校長や教頭などと立場の違いから対立することが少なくないと思います。この対立を個人的なことと考えるのではなく、職務による立場の違いと考え、子どものために・子どもの立場にたって意見すべきことは勇気をもって意見しなければなりません。

二つ目の仲間である「看護婦」ですが、仕事がうまくいかなくなったりすると、仲間に責任を帰することが少なくないと言います。紙屋氏の仕事の原点は「仲間を失いたくない」ことにあるのですから、そうならないよう常に自問しているというのです。

私は、養護教諭から仲間である養護教諭に対する非難を聞くことはありません。ほとんどの養護教諭が職場では一人で仕事をしているのですから、それも当然なことです。しかし、共に仕事をし、支えあう仲間であるはずの担任教師や保健主事などについての非難を聞くことは少なくありません。同じ目標に向かって取り組んでいく仲間どうしで支えあわなければ、よい仕事はできません。

三つ目の「自分」ですが、自分の弱さやいたらなさを認めようとせず、仕事がうまくいかないときの責任を他に転嫁したり、逃げたりしてしまうというのです。

養護教諭ばかりでなく私たちも、責任を他に転嫁したり、逃げたりすることがよくあります。転嫁の対象は、時間がなさすぎる、設備が整っていない、理解者がいないなど、あげればきりがありません。もし、教師がよい授業ができなかった場合の責任を子どもの頭の悪さに求めたとすれば、どうなるでしょうか。

そのようなとき、教師はあくまでも、自分の力量（弱さ、いたらなさ）の問題と考え、力量を高めることに努めなければなりません。自分のやったことには、責任をもたなければならないのです。また、誰かに仕事を託し失敗した場合でも、託した責任をとらなければならないのです。

❖子どもから学ぶ

教師は子どもからいろいろなことを学び成長すると言われます。紙屋氏も、先の引用文の中で「患者から学ぶことが大切」と、同じようなことを述べています。「患者こそ教科書」という表現も使っています。

紙屋氏の仕事の取り組みは、「患者から学ぶ」ということにきわめて意識的であり、能動的です。教育の世界では、「子どもから教えられた」と、その結果を述べることが多いのですが、学びの方法としてもっと積極的に活用すべきだと考えます。

養護教諭の仕事においても、豊かな感性を働かせて子どもが発する情報を読みとる力量が、よい仕事をする上で非常に大切なものとなっているのです。

❖自律性のある実践を

いま養護教諭一人ひとりが、専門職性を身につけている当事者として、責任ある判断に基づく実践を遂行すべき必要性にせまられていると思います。どう判断するか、注目されているのです。

したがって、養護教諭の専門職性の向上と平行して、養護教諭の自律性（autonomy）を樹立する必要があります。

自律性とは、「養護をつかさどる」とだけ書かれているように、職務遂行上に「自由」があるということです。

つまり、養護教諭の仕事は誰にでもつとまるものではなく、誰にでもつとまるというものではないほど複雑で知的専門職である、と自覚すべきなのです。そして、そう主張できるよう努力しなければならないのです。ただ残念なことには、最近、教職のセミ・プロフェッション（準専門職）論が幅を利かせてきています。（二〇〇一年四月二十七日付日本教育新聞「社説」）

ところで、養護教諭の先生方と話しあっていたときに気づいたことがあります。

「養護教諭と保健指導のかかわり」について話しあっていたのですが、養護教諭の先生方が保健指導について考える場合の「考え方・信念」に三つのタイプがあるのです。

一つ目のタイプの先生方は、「保健指導は養護教諭の職務内容としてどのように位置づけられているのだろうか?」ということを問題にします。「法規型」「タテマエ型」と言えます。

二つ目のタイプの先生方は、「仲間である養護教諭のみなさんは保健指導にどのように取り組んでいるのだろうか?」ということを問題にします。「横並び型」「追従型」と言えます。

三つ目のタイプの先生方は、「最近の子どもたちはいろいろな健康・発達問題をもっているし、疑問をもっている。この子どもたちの要求を的確に捉え、適切に対応してやるにはどのような保健指導の展開が必要なのだろうか?」ということを問題にします。「養護をつかさどる」ということは養護をやる・創るということであり、子どもを前にして何としてもやらなければならないことをやる、そういう仕事として養護を考えているのです。

まさに主体的・自主的に取り組んでいると言うことができます。

こうした養護教諭は、「理想型」「現実型」の養護教諭と言うことができます。

「自律性」があるということは、この三つ目のタイプの養護教諭を指して言うことだと思うのです。

2. 保健の授業づくりの力量をつける

最近、養護教諭の先生方を対象にした「保健授業に関する研修会」に招かれる機会が多くなりました。養護教諭も保健の授業を担当することができるようになり、養護教諭からの要望が多くなったからのようです。

研修会後の感想から考えさせられることは、私の抱いている授業像と養護教諭の先生方が抱いている授業像とには大きな溝が存在しているということです。これにはどうやら、それまでに受けた大学での授業の影響が強いようです。

最近、大学の授業はかなり改善されたようではありますが、その多くは教育機器の導入によるものであり、知識の伝達―受容型というスタイルはあまり変わっていないように思われます。

ここでは、大学の教師としての、私の授業づくりの過程を振り返りつつ、授業づくりの力量をつけるためのステップについて検討することにします。こうした試みをすることは、養護教諭の先生方が保健授業や保健指導をする際の参考になるのではないかという思いからです。

私は、「自分の言葉で、対象に話しかける授業」のできる教師は、力量のある教師であると考えています。

❖私の授業観の変化

私が大学の教師になってはじめて取り組んだ課題が、このことでした。

大学の教壇に立ったばかりの頃の授業は、前日に準備した大学ノートを見ながら板書し、それを説明するというものでした。大学ノートには、板書すべき語句とその語句の定義や簡単な解説文を書き、さらにその横には、板書したことを説明する際に使用するコメントに関するメモを記入しておきました。

毎回、準備にかなりの時間を要しましたが、それは私なりに完璧なものでした。

しかしそれは、「自分の言葉で話しかける授業」とは一番かけ離れた授業となっていました。「私自身の言葉」で話すのではなく、調べた専門書や専門雑誌などから抜粋したものを紹介・解説し、学生にはそれらを暗記することを期待していたのです。

いま考えると恥ずかしいかぎりですが、教師が知識を伝達し、学生にそれを受容するよう要求するような授業でした。

その頃は、対象である学生を意識して「話しかける必要性」があるとは考えていませんでした。知っておいてもらいたい重要なことを「話せば」「教えれば」よいと考えていたのです。よく考えてみれば、私が重要と考えた情報の伝達と説明をしていただけなのですから、私が調べた専門書や専門雑誌を読むよう指示するか、コピーして配布すればそれですむことでした。何も、私が授業をする必要はなかったのです。

私の意識にあったことは、「自分が授業をしたかどうか」ということだったのです。学生が何をどう学んだか、を問題にするようになったのは、それから数年後のことでした。

学生の書いた答案やレポートを読んでみて、学生たちが知識を暗記しているだけであることを知り、これでは駄目だと考えるようになったのです。試験やレポートを課すと、困ったことに、自分の言葉ではなく、専門書から抜粋したことをそのまま書く学生がいるのです。ひどい場合には、板書したことをそのまま書いている学生もいました。それは文章と呼べるようなものではありませんでした。いま思えば不思議なことですが、最初の数年はこうした答案やレポートが目にとまらなかったのです。私の意識下には、それがまったくなかったのです。

学生を非難したくなりましたが、それは私の授業の反映でもあるとも考えられ、その資格や能力のなさを痛感せざるを得ませんでした。

こうしたことに気がついたとき、自分は教師としての資質に欠けると落ち込んでしまいましたが、それから、学生が「どう学んでいるか」を意識するようになり、授業中の学生の反応を問題にするようになりました。

学生に「話しかけなければならない」と考えるようになったのです。

やや脱線しますが、このところ、小・中・高校の保健の授業をみると、当時と同じような困惑を覚えます。

とくに、課題学習における子どもたちの発表や記録の中にそれをみるのです。「図書室で調べたら、このように書かれていました」といった類の発表や記録ばかりなのです。探すこと自体が目的となり、探し当てた喜びは味わっているようですが、書かれている内容を読んでわかった喜びや感動は味わえないでいるようです。これでは、課題を解決したことにはならないのではないでしょうか。

話しをもとに戻しますが、私について言えば、私が授業している・私が専門とする学校保健や保健教育を学ぶことの「楽しさ」を味わってもらうにはどうすればよいかを考えるようになった時、授業づくりの考え方が変わりました。

私自身の専門について研究する楽しさを、学生に伝えることに気をつかうようになったのです。楽しさをわかってもらおうと「話しかけ考えさせる」ことが多くなり、触発のための「問い」が多くなったのです。「触発」ということは、教授学を研究している藤岡信勝氏から教えられました。

教師は授業を通して子どもたちにどのような能力をつけようと考えているのか、その授業に込める信念によって異なるというのです。そして、その信念によって、「伝達型」の授業、「触発型」の授業、「追求型」の授業に大別できるというのです。

子どもには基礎的・基本的知識を覚えさせることが大切だと考えるのであれば、「伝達型」の授業を展開することになります。一方、子どもが自分で課題をみつけ、それを追求できるような能力を育てることが大切だと考えるのであれば、「追求型」の授業を展開することになるのです。

私の当初の授業はすでに述べたように伝達型の授業でした。私は、それを「触発型」「追求型」の授業に、自分で調べようとする主体的な学生を育てるような授業に、転換しなければならないと考えたのです。

❖「授業づくり」に必要な力量

授業は、「子ども」「教師」「教材」の、三つの要素から成り立っています。

したがって、安彦忠彦氏は教師の力量として、一つには子どもと教師の関係、言い換えれば、「教師の人間性と子どもへの対処能力」、もう一つは教師と教材の関係、言い換えれば、「教育内容、教材批判と教材化の能力」が問われると述べています。

大雑把に言ってしまえば、前者は教員養成カリキュラムでの教職科目にかかわることであり、後者は教科専門科目にかかわることであると言ってもよいでしょう。この両者のどちらが重要と考えるかと教師に問うと、おおむね小学校の教師は前者が、中学校の教師は後者がより重要と応える傾向がみられます。両者を統一的に学ぶのが教科教育法という科目です。

先に問題解決学習から系統学習へと移行した時期があったと述べましたが、問題解決学習は子どもの興味や経験を重視したカリキュラム編成であることから「子どもが重視」されたということができます。一方、系統学習は科学の系統を重視したということからすると「教育内容・教材」が重視されたということができます。

私は板倉聖宣氏の創設した仮説実験授業に触発され、「『授業書』方式による保健の授業」の研究を進めてきました。これは系統学習に近く、保健科学上の「基礎的・基本的概念を教える」ことによって、保健の科学的認識を育てることを狙ったものです。

授業書の作成に際して要求されることは、「教材化の能力」です。ここでいう教材は「問題」教材づくりですが、保健科学上の基礎的・基本的概念を選び、それを教材に組み替えるという教材研究に時間がかかります。

「問題」教材づくりにおいて、対象とする子どもを意識しますが、それは子ども一般です。問題解決学習の場合は、子ども一般ではなく、学級の子どもたちであり、学級のＡさん、Ｂくんの健康問題や経験、あるいは興味・疑問から入ることが多いのです。そして、その問題の解決に科学の成果を利用するのです。

❖教材化の能力

どちらも重要であり、択一的なものではなく、両者の統一が図られなければならないと私が強く考えるようになったのは近年のことです。

最初は「教材化の能力」に関心が向き、その後「子どもへの対処能力」へも関心が向きました。教材化に関心が向いたのは、授業書の「問題」教材づくりに取り組むようになった時からです。すなわち、「授業とは、見えない教育内容を見える教材で見させる過程である」という「見える教材」ということを意識するようになってからのことです。

より具体的に言えば、それは次に示す佐久間勝彦氏の小学校六年生を対象にした二時間続きの授業「自由について」の授業記録を読んでのことです。長くなりますが、私の授業観をゆさぶった授業です。参考までに簡潔に紹介しておきます。

この授業は、一九六八年十二月十日の白昼、東京都府中市内で起こった「三億円事件」の新聞記事を素材にして、事件発生の一年後、有力容疑者として二日間警察に取り調べられ、その後アリバイが成立して釈放された一人の青年をめぐって起こった出来事を教材化して行った授業です。

授業は、二つの質問からスタートしています。

第一の質問は、「人間にとってもっともたいせつなものは何だろう」であり、第二の質問は、「今から一年前の○月○日、九時すぎ、君はどこで何をしていたか」というものです。

この二つの質問が、授業の導入・布石となっています。

次にOHP（オーバーヘッドプロジェクター）を使い、一枚の地図を示し、地図を使いながら三億円事件の経過を細部にわたって詳しく説明します。

これ以降は、OHPを使い事件にかかわる新聞記事を示しながら経過を追い、説明していくだけです。たとえば、最初に示された新聞記事は事件発生から一年後の一九六九年十二月十二日付『毎日新聞』夕刊の記事です。トップ記事と関連記事の見出しだけ書き抜いてみますと、次の通りです。

＊三億円事件重要参考人を取り調べ／二十六歳、府中の運転手／当日のアリバイ聞く／カタカナタイプの経験者

＊疑惑いっぱいの周辺／三億円事件重要参考人の運転手／モンタージュに似ている／興奮つくせぬ捜査本部

詳しく説明することは省略しますが、この最初のときは、新聞の文章は「運転手A（二十六歳）」と「仮名」になっていました。しかし翌日（十三日）の朝刊では、Aのアリバイが成立しないこともあって別件逮捕され、「実名」が書かれるのです。実名が書かれたことに子どもたちの注意を向けると共に、別件逮捕の意味を説明しています。

十四日の朝刊の記事は、次のように報じています。

＊Aさん、三億円とは無関係／当日、アリバイ成立／日本橋で入社試験

＊「やっぱり潔白だった」Aさん／歓声あげる家族／「ご迷惑掛けました」と警察／「彼を信じていた」高校の友人

アリバイが成立し釈放されるのです。子どもたちは、釈放を知って大喜びです。

しかし、事件はこれで終わってはいないのです。

二時間目の最初に、「その後のAさんはどんな生きかたをしていくのか」を子どもたちに予想させています。

それから、次の新聞記事を示したのです。一九七一年十二月一日付の『朝日新聞』朝刊の記事です。

＊Aさんにいつ春が……／職業転々いま失業／冷たい世間の目／兄弟の縁談も奪う

この記事を見ての感想を出しあった後、授業は最後に、冒頭に提出された主題にもどっています。「いま考えてみて、自分にとってもっともたいせつなものは何だろうか」という質問です。子どもたちは、「心」「自由」「人権」などと答えています。

見事なものです。

教師が子どもたちに考えてもらいたかったことは、「自由」であり「人権」であったのです。この「ことば」を使うことなく、三億円事件の新聞記事をOHPで追うことによって、教えたかった「自由」と「人権」ということを知らしめたのです。

以上は、古い論文ですが、雑誌『現代社会』（第七号、一九八二年）に掲載されている藤岡信勝氏の「新聞学習における教材の条件」を参考にして述べました。詳細は、これを参照してください。

この授業で教えたい教育内容は「自由」であり「人権」です。それを「三億円事件」を教材にして教えたわけです。

話を戻します。

教科書は「主たる教材」と言われています。しかし、わが国の教科書は、以前の教科書に比較すればかなり教材化が図られるようになってきていますが、頁数の関係（現在は改正されましたが、かつての検定教科書では頁数が制限されていました）もあって教材になり得ていません。

たとえば、小学校の保健教科書をみると「生活習慣が関係する病気」の項があり、次のように記載されています。

「糖分・塩分・脂肪分のとりすぎや運動不足、不規則な生活、ストレス、たばこなど、健康によくない生活の積み重ねが関係して起こる病気を生活習慣病といいます。」（学習研究社）

この記述は、生活習慣病をわかりやすく定義しているにすぎません。この文章を読み、「生活習慣が関係する病気」を「教えたい」と考えます。この「生活習慣が関係する病気」の内容をなす「教えたいこと」が教育内容です。

つまり、教育内容とは教えることを前提にして考えられた内容のことです。保健教科書を読んで「生活習慣の改善の必要性」を感じ、それを子どもに教えたいと思い始めた時、それはすでに教育内容の構想が生まれているのです。

「生活習慣の改善の必要性」を教えたいと思い立ったら、生活習慣病についての資料集めを始めます。図書館に行き、文献を読みます。医学部の公衆衛生学教室などに出かけます。講演会に出かけます。

このように、これら一連の調査活動によって教育内容レベルの研究を進めるのです。

このようにして生活習慣病について調べているうちに、次のような構想が浮かんできます。

＊「肥満」（A）で

＊「生活習慣病」（B）を教えよう

このように「AでBを教える」という構想が生まれた時、そのAが教材に当たります。一般にAはBよりも具体的です。言い換えれば、経験との密着度が大きいのです。（藤岡信勝『授業づくりの発想』日本書籍、一九八九年）

もう一例あげておきましょう。

「インフルエンザ」（A）で「病原体による病気」（B）を教えようということです。「インフルエンザ」は教材であり、「病原体による病気」は教育内容です。

教材はなるべく具体性のあるものであることが要求されます。

次に、教材「肥満」で教える、教材「インフルエンザ」で教える、という構想をより具体化するのです。つまり、教材化です。

藤岡氏によれば、教材化の形式には主要には、次のような四つが考えられると言います。

(A)子どもが自分の頭で考えてみたくなるような問題（または発問）の形をとっている、「問題」教材。

(B)印象深い文章の形をとっている、「文章」教材。

(C)視聴覚教具や実物教具の形をとっている、「教具」教材。

(D)子ども自身の活発な活動を組織するなんらかの学習活動のなかで、結果的に目標とすることが学習されるようになっている、「学習活動」教材。

したがって、教材づくりの際には、この四つの形式のどれを選んで教材化するかを決めます。「授業書」方式の授業では、「問題」教材を中心にして研究を続けたのです。「問題」教材の一部分に「文章」教材や「教具」教材を活用することもあります。

「問題」教材づくりに際して参考にしたのは、藤岡氏の「よい問題の四つの基準」でした。

四つの基準とは、「具体性」「検証可能性」「意外性」「予測可能性」です。

ここで、一つひとつ説明するまでもないことでしょう。

TVなどのクイズを検討するとわかることですが、「具体性」と「検証可能性」と「意外性」を兼ね備えているのです。つまり、TVのクイズとここでいう授業の「問題」との違いは、「予測可能性」にあります。

藤岡氏は、「予測可能性」の基準について、次のように述べています。


「その問題を学習した結果として、同類の新しい問題に対して学習者がより正しい予測ができるようになり、また、関連したより多くの問題に予想がたてられるようになっていくという性質を問題が有しているということである。」


この「予測可能性」の「予測」は、「発展」とか「展開」という言葉に置き換えても間違いでないでしょう。発展性のある発問とか、展開性のある発問とはよく言うことです。

私の教材化の力量形成は、先人である板倉氏や藤岡氏などの文献をもとに模倣から出発していったといえます。

こうした試行錯誤を繰り返しながら自分なりの創造へと向かったのです。

❖子どもへの対応能力

授業は、子どもと教師との対応関係のもとに進められます。これを教授＝学習過程とか授業過程といいます。同じ「授業書」を使っても、この教授＝学習過程において教師と子どもとの対応に違いが生じます。それは、対象とする子どもの違い、学級の違いによるところもありますが、それだけではありません。

このことを実感するようになったのは、「授業書」方式の授業において作成した「授業書」の良否を検証するために追試授業をやるようになってからのことです。

同じ「授業書」を使っても、違った授業になるのです。

教師の指示や助言のタイミングやしかた、表情などによるのです。教師は子どもたちの発言や表情・動作を読みとりながらどうするかを判断しますが、子どもは子どもなりにそうした教師の発言や表情・動作を見ながら判断し対応しているのです。

安彦氏は、「医師の病気そのものについての原因、症状、症例などの熟知が、子どもの診断と治療法、治療効果を決定的に左右する」ように、教師の子どもについての熟知が、指導のしかたを変え、子どもの学びを決定的に左右するというのです。

教授学的に言えば、授業中の子どもを「見る」能力があるかどうかという問題で、教師が豊かな感性の持ち主であることが要求されるのです。

「豊かな感性」によって子どもを把握したとしても、把握した情報を判断し、それをもとに子どもに再び適切な働きかけをしなければなりません。つまり、「豊かな表現力」の持ち主であることが要求されるのです。

ともあれ、「見る」ためにはまず「知ろうとする」ことが、そして「徹底的に知ろうとする」ことが必要です。

こうした努力をすることによって、「見えないものが見えるようになる」と言われます。もう一言つけ加えておくならば、すぐれた教師のいう「教師は自分を『子どもに教えられる者』としての自覚が必要」なのです。

私にとって、「見る」ということで衝撃的であったのが、ある時、「授業を前から見る」、つまり教師の側から授業を見ることを教えられた時のことです。それまでは、常に子どもの側から、子どもの後ろから見ていました。

前から見るのと後ろから見るのとでは、授業の風景が一変しました。

後ろや横からは教師をよく見ることができ、子どもの発言を捉えることができたとしても、子どもの表情を見ることができず、子どもの内面を読みとることができませんでした。

しかし、前から見ると「A君はさっきから何か発言したい顔をしてモジモジしているが、挙手する決心がつかないようだ」といったことが見えてくるのです。教師は、そうしたA君に気づかないので指名しません。はやく気づいてやればよいのに……。

そうした経験が、次に自分が授業をする時に役立つのです。
「子どもへの対処能力」を身につけるためには、よい授業を展開している教師の授業の観察からヒントを得ることができますが、そのヒントを自分の授業で活用し、確かめるということが不可欠です。日常的な予想・仮説―検証という実践的な授業への取り組みが、力量形成には必要なのです。

3．研修を考える

❖研修とは何か

第一法規の『新教育学事典』によれば、「研修について」次のような説明がなされています。

「職業において働く人間の労働能力を維持・向上させることは、その当該人間ばかりでなく、企業・組織も高い関心を示すところである。～中略～研修は、こうした労働能力を維持・向上させ、より高い労働対価を得るための一手段であって、学習（研究）活動や実践（体験的・実習的）活動、ないしはそのための訓練を総称していわれる。就業以前の特定の準備教育としての学習・訓練 pre-service education と区別して現職教育 in-service education とよばれる。」

専門的で高度な知識と技術、それを獲得・習得するために長期にわたる訓練を必要とし、さらには職務に対する判断や決定がより多く任される仕事であればあるほど、研修への期待・意義が大きくなると言われます。

養護教諭への今日的な期待を考えれば考えるほど、養護教諭にとっての研修への期待・意義が大きくなると言えます。しかし、養護教諭の研究の自主・自律がどの程度保障され、発揮されているかと問うならば疑問が残ります。

まず、法的にも教育公務員については「教育公務員特例法」によって、研修の自主・自律が次のように定められているのです。

第二十一条　教育公務員は、その職責を遂行するために、絶えず研究と修養に努めなければならない。

2　教育公務員の任命権者は、教育公務員の研修について、それに要する施設、研修を奨励するための方途その他研修に関する計画を樹立し、その実施に努めなければならない。

第二十二条　教育公務員には、研修を受ける機会が与えられなければならない。
２　教員は、授業に支障のない限り、本属長の承認を受けて、勤務場所を離れて研修を行うことができる。
３　教育公務員は、任命権者の定めるところにより、現職のままで、長期にわたる研修を受けることができる。

養護教諭は、積極的に研修を受けるべきです。保健室が多忙で、そのような機会をとることができないとも聞きますが、自分自身でそう判断し、自己規制している場合が少なくありません。学校ぐるみ、教職員ぐるみで取り組めば、養護教諭が研修のために保健室（学校）を離れることができる体制づくりは可能ではないでしょうか。「研修を受ける機会が与えられなければならない」のです。

なお、教育公務員特例法の一部「大学院修学休業の許可及びその要件等」が次のように改正されました。要するに、これまで養護教諭は対象外とされていましたが、これからは専修免許状の取得を目的として大学院の課程に在学することができるようになったのです。

「小学校の教諭、養護教諭又は講師で、教員の一種免許状又は特別免許状を有する等の要件を満たす者は、任命権者の許可を受けて、三年を超えない範囲で、年を単位として定める機関専修免許状の取得を目的として、大学院の課程等に在学してその課程を履修するため、大学院修学休業を行うことができるものとすること。」

さらに、免許状は「その授与の日の翌日から起算して十年を経過する日の属する年度の末日まで、―省略―効力を有する」（教育職員免許法第九条（効力））こととなり、有効期間の更新及び、延長のためには「免許状更新講習」を受けなければならなくなりました、

❖活発な行政研修（官制研修）

教員の資質向上のための新しい考え方・方針のもとに大きな転換が試みられたのは、一九七〇年代のことです。その転換の契機となったのは、一九七一年の中央教育審議会答申です。よい教師は、養成教育・採用・現職教育の中で連続的・段階的につくられるという新しい考えが登場したのです。

現職教育の充実ということから積極的な行政研修がとられ、新規採用教員研修、教職経験別研修、職位別・専門別研修の制度化が進められたのです。

一九七〇年代後半から社会の関心を呼んだ子どもの問題行動は、教師の資質向上について新たな角度から課題を提起し、臨時教育審議会を舞台とする教育改革論議が展開されましたが、その一つとし

て研修制度の体系化が提言されました。

目玉とされたのが初任者研修制度の導入であり、一九八九（平成元）年度から小学校で実施されました。

平成十二年六月六日付けの「新規採用養護教員研修実施要項モデル」（事務連絡）によって、新規採用養護教員は四月から九月の六か月間に⑴校内において指導者を中心とする指導及び助言による研修（十五日間程度）を受けるものとする、⑵校外において教育センター等における研修（十二日間程度、宿泊研修四泊五日程度を含む）を受けるものとする、よう示されました。

研修項目設定の基本的な考えとして、「養護教諭の職務遂行に必要な内容及び次の観点から、それぞれ指導すること」とし、次のような指導内容が提示されました。

「⑴保健体育審議会（昭和四七年）に基づく具体的職務内容、⑵養成課程の内容を補完する内容、⑶日常の勤務で習得できないもので必要な内容、⑷時代の変化に伴う現代的な健康課題への対応に関する内容、⑸制度の改正に伴う内容、⑹養護教諭の専門的資質をより一層高める内容、⑺教育職員として必要な基礎的、基本的な内容」

具体的な研修項目（の内容）としては、次の十一項目が予定されるとしています。

⑴基礎研修、⑵健康状態の把握と活用、⑶健康の保持増進と保健指導、⑷救急処置と救急体制、⑸健康診断と健康管理、⑹健康相談と健康相談活動、⑺学校環境衛生、学校安全活動、⑻保健主事の役割の理解と組織活動、⑼保健室経営、⑽ヘルスカウンセリングの基礎・基本、⑾ヘルスカウンセリングの実際

養護教員経験者研修としては、⑴新規採用後経験五年経過の養護教員と、⑵一定の経験（たとえば、十年又は二十年程度）を有する養護教員、を対象にして、おおむね十日間（二泊三日の宿泊研修を含む）実施することとしています。

研修内容は、⑴いじめ、不登校等の心の健康問題、薬物乱用、性の逸脱行動など、健康教育上の現代的課題に関するもの、⑵参加者の必要性に応じて精選・重点化を図るもの、など創意工夫するよう求めています。

なお、（財）日本学校保健会『養護教諭研修事業推進委員会報告書』（平成十年三月）をみると、ライフステージに応じた研修の基本的考え方がイメージ化され、新規採用時、五年次、十年次、二十年次における必要な能力が、次のように示されています。

養成課程……養護教諭としての基本的能力

新規採用時…教育職員としての自覚と、養護教諭としての使命感を持ち、養成課程で学んだこと

を執務に生かす能力

五年次………専門職としての資質をさらに高め学校教育活動の一環としての保健活動が展開できる能力

十年次………校内や、地域の養護教諭の中でリーダーシップを発揮し学校のみならず、家庭や地域と連携し組織的な学校保健活動が展開できる能力

二十年次……児童生徒の健康課題や学校保健の課題に対して学校経営的視点に立って推進できる能力

❖必要な自己研修

ところで研修は、自主的・自律的に行われるべきものです。

だからといって、行政が研修を組織し、そこに養護教諭を参加させることが望ましくないというわけではありませんが、行政が組織する研修は養護教諭にとって補完的なものであるべきだろうと思うのです。

たとえば、養護教諭の職務にかかわる制度的改正がなされたならば、その改変の趣旨・内容を知らせるための情報の提供や職務のハウツウという技能が伝達されることは必要ですし、その意義は認められます。

しかし養護教諭がそうした行政研修に頼りすぎる、あるいは受け身の行政研修で自主的な研修の機会が阻害されるとなると、自主・自律の研修を求める養護教諭にとって自殺行為になってしまいます。

子どもたちに「学び方を学ぶ」ことの必要性が強調されていますが、教育改革の波は子どもたちだけではなく、教師にもさまざまな新しいことを要求しています。

たとえば、保健の授業のための教材開発に関する知識や方法は、これまでさほど必要とされなかった能力です。それゆえ、それが求められるようになった今日、少なくとも教師にはキャリア・ディベロップメントのための自己教育力が求められます。

自己研修にとってもう一つ大切なことは、教師一人ひとりが実践を省察する力量を獲得できるような研修が求められるのです。

ところで、臨時教育審議会が指摘したこともあって、今日、学校を基盤とした研修が現職教育の基本であると言われています。

ところが、養護教諭の研修は、養護教諭一人ひとりの自己啓発意欲に基づく学習・研究の努力が出発点であり、養護教諭一人ひとりが自らの実践を対象化することが前提となります。

しかし、養護教諭の仕事の過程においては、子どもの健康問題の把握と解決を自分一人で取り組まなければならない活動の部分がある一方、組織として問題の解決に取り組む必要のある活動の部分とがあります。

つまり、前者は個人的課題であり、後者は組織的課題です。今日的な子どもの健康問題は組織的活動を必要としてきています。もちろん、両者が相互に関連しあっていることは言うまでもありません。

にもかかわらず、養護教諭の研修は自己の力量の形成・向上をめざした個人的なものが多いように思えるのです。

組織的活動を必要とするのであれば、養護教諭の参加する校内研修の機会が設けられてしかるべきだと考えるのですが、そうした機会を見聞することがほとんどありません。個人的な力量形成にあっても、共同的な性格を有する研修が効果的であるという報告が少なくないのです。

養護教諭の研究活動に対する学校内の教職員の理解が必ずしも十分でないことが、こうした状況を生み出していると考えられます。

たとえば、授業などに関しては「公開研究授業会」などが行われていますが、養護教諭に関してはそれに類したこととして「保健室公開」が行われている程度です。学校健康教育や学校安全教育、あるいは、性教育などが学校研修の対象になることは少なくありませんが、それらに関する研究報告書をみると、養護教諭の役割が明記されていないことすらあります。

こうした状況は、これから養護教諭が保健主事としての役割を果たす、あるいは授業を担当することによって急激に変化していくことが予想されます。

❖いま、要求されること……できることを選ぶ自由と責任

すでに別のところで若干述べたことですが、これからの養護教諭に要求されることは「できることを選んでいく」判断力と、その判断に基づいての実践能力です。

ぐんぐん高まった養護教諭への期待度も、一人ひとりの養護教諭が責任をもって適切な判断と実践を展開しなければ、バブル現象として消え去ってしまうに違いありません。

そうならないためには、なにはともあれ本務を大切にすることです。子どもの立場に立って判断することです。研修に励み力量を身につけることです。どう判断を下すかといった課題解決の方法を学ぶことも格好な研修テーマの一つであろうと思います。

責任をもって自分の判断で選ぶことは、きわめて厳しい作業ですが、やりがいのある作業でもあるはずです。

しかし、このことを研修のテーマとする前に、本当に養護教諭に「できることを選んでいく」ことの自由が保障されているのかを確かめなければなりません。

養護教諭をめぐって、保健主事と保健の授業の担当に関する法制化が進められたことは、養護教諭の力量を発揮する条件づくりがなされたと解することができます。過去において、保健主事から保健主事でもない養護教諭が「そんなことをやってはならない」「できない」といった硬直した管理的な指導がなされ、それが養護教諭の仕事の支障となっていたことが少なからずあったことは否めない事実

です。

それだけに、養護教諭の長い間の願い・要望が実現したと歓迎されているのです。

繰り返すことになりますが、一定の手続きがとられるのであれば、「できることを選ぶ自由が与えられた」のです。学校の子どもたちの健康と安全を守り、育てるためには、自分の仕事をどう選べばよいかを専門的な立場から判断するという、厳しいけれどやりがいのある作業ができるようになったのです。

しかし現実は、必ずしもその方向に動いてはいないようです。県庁所在地のある市教育委員会に仕事にいった折に聞いたことですが、小・中学校の養護教諭のうち五〇％以上の人が保健主事に任命されていました。しかし、そこには養護教諭自身の判断がまったく入っていないというのです。

つまり、保健主事の任命に当たり意見を求められる、あるいは相談されることはなかったというのです。また、他のところでは、保健授業を担当する業務発令においても同じようなことを聞きました。

聞くところによると、管理者である校長の判断によって決定しているというのです。これでは、養護教諭の主体的な判断を働かすことができないということにおいて、法制化以前の状況とまったく変わらないのではないでしょうか。校長に決定権があるにしろ、話しあいが必要です。

養護教諭が期待に応える仕事をするためにも、管理者の養護教諭の仕事についての理解と支援が不可欠なことなのです。

第5章

終わりにかえて…

養護教諭の「専門性」を支える「養護概説」

教育職員免許法の改正（平成十年六月）によって、養護教諭養成における「養護に関する科目」の一つとして、「養護概説」という新しい科目が設けられました。

「養護概説」であって「養護学」ではありませんが、「養護学」という学問体系の存在を認める気運の表れとみることができます。この「養護学」とは、「養護概説」という授業科目の内容を提供する科学でもあり確立が望まれているのです。

「学校教育法」の第三十七条［職員］において「養護教諭は、児童の養護をつかさどる」と定められています。ちなみに、「教諭は、児童の教育をつかさどる」です。

「養護をつかさどる」とは、養護教諭の携わる職務内容のことであり、「養護活動」といわれています。なお、「つかさどる」とは自律性を指しているのです。

今後、養護教諭となる人は、この養護活動のバックボーンとなる理論と方法を「養護概説」を通して学び、養護教諭としての専門性（profession）の土台・基礎を身につけるわけです。言い換えれば、「養護概説」を学ぶことによって、その職務に自信と勇気をもって養護活動に取り組むことができるのです。

養護教諭養成教育課程の中核となる「養護概説」という授業科目を支える「養護学」の確立が、いま求められています。この授業科目の確立により、養護教諭の専門性がより明確になっていくはずです。

❖「養護教諭の職務」から「養護概説」へ

免許法の改正により新しい科目として「養護概説」が設けられたことに対して杉浦守邦氏は、「『養護教諭の職務』なる科目が『養護概説』と名称を変更したかのように受けとられるかもしれないが、決してそのような単純なものではない」（『養護概説』東山書房、一九九九年）と指摘しています。

確かに、「養護教諭の職務」という科目は養護教諭がどのような職務を遂行すればよいかの手ほどきという程度のものであり、真の意味で専門家によって研究されたものではなく、きわめて経験主義的なものでしかなかったきらいがします。

大胆に言ってしまえば、科学でもなければ実践でもない、というようなものです。また、その時々の文部行政が示す方向に振り回される「科目」という印象が強いものでした。

そんなこともあって、「養護教諭の職務」は大学のアカデミズムの立場から一段低いものとみなされ、その結果、この領域を専門とする研究者が育たないまま今日に至っています。他に専門分野をもつ者が片手間に担当するということが少なくなかったのです。

しかしながら、現在では養護教諭養成課程に大学院の修士課程が設けられるようになり、その状況は大きく変わりつつあります。これからは少なくとも一人、「養護概説」を専門とする、言い換えれば「養護学」を専門とする研究者が置かれるようになるはずです。

❖科学的で実践的な学問としての「養護学」

杉浦氏は、先の本の中で「養護活動」について次のように述べています。

「『養護活動』は、その対象が疾病や情緒障害、体力低下、栄養不良などの問題を持つものであることから、当然医学・看護学的知識と技術が必要であり、学校内でそれにあたることのできるものは、唯一医学・看護的素養を持って常勤する養護教諭以外にいないのである。『養護活動』こそ養護教諭独自の職務であり、最も専門性の高いものといえよう。」

しかし、このような考え方が、関係者の共通認識となっているわけでもありません。

ちなみに、故小倉学氏は一九七〇年に公刊した『養護教諭―その専門性と機能―』（東山書房）の中で、「養護」の内容を「学校教育における専門的な保健管理・保健指導である」と捉えていました。

「養護学」が体系化されれば、杉浦氏のいう「医学・看護学的知識と技術」は「養護学的知識と技術」という表現に代わり、「医学・看護学的素養」は「養護学的素養」という表現に代わることになります。

そのとき、共通認識をもつことができると言えるのです。

ところで、東山書房からは先の『養護概説』とは別に、大谷尚子他著『養護学概論』（一九九九年）が出版されています。

ほぼ同じ趣旨で編集されたものですが、両著の構成は次のように異なっています。言い換えれば、研究領域ないし検討課題が違うということなのです。

なお、類書が三木とみ子氏編集で〈ぎょうせい〉からも出されています。

『養護学概論』

1. 養護の概念
2. 養護教諭の専門性
3. 養護活動の過程
4. 養護教諭と保健室
5. 養護活動の方法
6. 健康問題に応じた養護活動
7. 学校の特性に応じた養護活動の展開
8. 養護教諭と研究

『養護概説』

1. 養護学概論
2. 保健室の経営
3. 養護活動(1)　健康実態の把握(A)
4. 養護活動(2)　健康実態の把握(B)
5. 養護活動(3)　健康問題解決への支援(A)
6. 養護活動(4)　健康問題解決への支援(B)
7. 保健活動(1)　保健教育
8. 保健活動(2)　保健指導
9. 保健活動(3)　環境保健活動
10. 学校保健経営への参画

なお、『養護概説』には、「保健活動」という用語が使われていますが、このことについて杉浦氏は次のように説明しています。

「高次の健康状態にあるものに対しては、さらにその健康状態を保持させまた向上させて、理想的な健康状態に持ちきたす支援活動がある。これが『保健活動』である。もちろん低次の健康状態にあるものにとっても、この保健活動は必要であって欠かしてはならない。」

「『保健活動』にもある程度医学・衛生学的素養が必要であるので、一般教員の担当する保健活動の内容と、養護教員の担当する保健活動の内容の間には、共通点もあるが、おのずから相違点もある。」

養護（学）に関する「概説」であれ、「概論」であれ、これをみるかぎり、共通認識をもつことのできるように体系化（基本構想）するにはかなりの時間がかかりそうです。なお、小倉学氏は「学校保健は、学校保健であって『学校保健学』ではない」と主張していました。いまだ学校保健は体系化されておらず、「学ならず」との主張です。

なお、『養護学概論』は日本養護教諭教育学会の主要な会員によって執筆されていることもあってか、『養護教諭教育学概論』といってもおかしくないような構成になっています。

❖「養護学」の対象と方法

確かに、いまだ「養護学」というほどには体系化されていません。したがって、小倉氏の言葉を意識するならば、いまは努力目標としての「養護学」ということになります。

ところで、養護学の対象や目的は「養護活動ないし養護という（教育）実践の改善」にあると言えます。であるならば、「養護の目標、内容、および方法を明らかにし、養護活動過程の理論的実践的研究を行う科学」と定義できそうです。

では、養護学とは、具体的にはどのような内容によって構成される学問と考えることができるのでしょうか。

繰り返すようですが、先の二著の内容構成からも明白なように、「養護学」の学問的性格や研究領域、研究方法といった実質的な面における研究はまだその緒についたばかりであり、学問体系の確立に向けて解決しなければならない課題は山積しているのです。

いまの時点で言えることは、「養護学」とは、相互に関係しあう次の三つの問いによって成立する学問であるということです。

1．養護（活動）とは何か

事実を認識対象とする研究

2.養護（活動）はどうあるべきか
理念を認識対象とする研究
3.養護（活動）はどう行うか
具体的な改善の方途の研究

また、研究領域を研究課題の視点から整理づけることも可能です。

1.何のために（目的）
養護（活動）原論：本質、目的・目標の研究、学問的性格や研究方法論の研究、対象者の研究、養護教諭の研究など。
2.何を（内容）
養護（活動）内容論：発達段階や支援対象に応じた養護（活動）の研究など。
3.どう行うか（方法）
養護（活動）方法論：有効な方法、形態、組織の研究、有効な評価法開発の研究など。

免許法の改正で「養護概説」が設けられるようになったことは、改めて「養護（活動）」を考えることに対して強烈なインパクトとなっています。

こうした機会が、より一層の発展の契機となることが期待されるのです。

そのためにも、何はともあれ、戦後わが国の養護（活動）に関する理論と議論を客観的に見つめなおし、また関連分野とも言える学校保健学や教育学、保健学、看護学などの研究動向に学びながら、養護学の研究課題を明らかにし、関係者のすべてがその解決に向けて意欲をもつことだろうと思います。

日々実践している養護教諭への期待は大です。研究をするということは、養護教諭としての実践能力を高めることにもなるのです。

❖養護教諭の専門職性と自律性の強化

一九六〇年のＩＬＯ・ユネスコの「教員の地位に関する勧告」をきっかけに、教職専門職論が広がり、当然なことながら養護教諭の専門職論も展開されてきました。

しかし気になることは、今日では、教職が完全に専門職だとする論者を見つけるのは難しく、むしろセミ・プロフェッション（準専門職）論が幅をきかせてきているということです。二〇〇一年四月二十七日付の日本教育新聞の「社説」においても、「免許なし教員増加の意味」を問い、「幅きかす準専門職論」について述べているのです。

学校教育法施行規則改正（第九条の二）で、⑴校長には教員免許状が必須とされなくなったこと、一九八八年に改正された教育職員免許法では、⑵一般教員についても、免許状を要しない非常勤講師の雇用ができるようになったこと、(3)教師と保護者、地域社会との連携や協働の重視・強化の方向が、学校の役割を縮小させ、教職の専門性を薄める方向に向かうなどして、準専門職論に拍車をかけていると言われています。

先の社説では、こうした動向を「教職の新しい専門職性を見いだそうとする糸口でもあり得るようにおもわれる」と述べています。

本当でしょうか。

こうした動向に対して、佐藤学氏は、『教育改革をデザインする』（岩波書店、二〇〇〇年）の中で「教育改革の提言」として五つの原理を提示していますが、その一つの原理として、次のように述べています。

「教職の専門職性と学校の自律性を強める必要がある。教育改革を混乱させてしまうもっとも大きな誤謬の一つは、人間性にあふれ情熱さえあれば誰でも教師の仕事を遂行することができるという教職に対する安直な理解にある。それどころか、教職は、教育に関する専門的な見識と子どもの現在と未来への責任および日本社会の未来に対する責任という高い知性と倫理にもとづく高度の専門職である。」

そして、次のような問題を指摘しているのです。

「今日の教師は、教職の専門職性に見合った養成や研修を保障されていないし、専門職にふさわしい自律性も倫理も要求されていない。」

「免許資格なしで採用する方針を決定したが、とんでもない愚策である。今必要とされているのは、教職の専門職化であって、その逆ではない。」

「学校の自律性と教職の専門職性を樹立する方向で学校改革の将来を展望するならば、むしろ校長の専門資格を大学院であたえる制度を検討すべきだろう。」


これから、いっそう複雑化すると考えられる子どもたちの健康問題や発達問題に対処するために、養護教諭の教養水準と専門家としての水準を高めるためには、少なくとも大学院の修士課程（専修免許状が与えられる）で養成教育を行うべきなのです。

今日では養護教諭を対象にした大学院も設けられていますが、いまのところ修士を有する養護教諭はほんの一握りにすぎません。

養護教諭の先生方の大学院への進学の希望者は非常に多いと聞いています。教職経験十年の養護教諭の希望者全員に、大学院進学の機会を提供するような措置がとられるならば素晴らしいことです。

大学院における現職教育の拡充が実現できれば、新任養護教諭の採用数の増加も実現できるはずです。

ともあれ、いま養護教諭の先生方に求められることは、本書の中でたびたび指摘したことですが、養護教諭一人ひとりが専門職性を身につけている当事者として、責任ある判断と実践を遂行すべきであるということです。自律性（autonomy）を発揮することです。

養護教諭の仕事は、誰にでもつとまるものではなく、誰にもつとまらない複雑で高度な知的専門職である、と自覚するとともに、その職務を誇りにすることです。

[著者略歴]

森　昭三（もり　てるみ）

1934年富山県生まれ。1960年東京教育大学大学院教育学研究科修了。

筑波大学副学長，びわこ成蹊スポーツ大学学長を経て，現在筑波大学名誉教授，びわこ成蹊スポーツ大学名誉教授。

日本学校保健学会理事長，日本教育保健研究会会長，保健教材研究会代表，教育課程審議会委員，学習指導要領作成協力者委員など歴任。

主著に，『これからの養護教諭』著（大修館書店，1991年），『学校保健の仕事に迫る—養護教諭へのメッセージ』著（健学社，1998年），『新版「授業書」方式による保健の授業』共編著（大修館書店，1999年），『小学校「授業書」方式による保健の授業』共編著（大修館書店，2002年），『最新「授業書」方式による保健の授業』共編著（大修館書店，2004年）など多数。

変革期《へんかくき》の養護教諭《ようごきょうゆ》——企画力《きかくりょく》・調整力《ちょうせいりょく》・実行力《じっこうりょく》をつちかうために

NDC374/11, 274p/19cm

初版第1刷発行——2002年3月1日
第2刷発行——2009年6月20日

著者———森《もり》　昭三《てるみ》
発行者——鈴木一行
発行所———株式会社大修館書店
〒101-8466　東京都千代田区神田錦町3-24
電話 03-3295-6231（販売部）　03-3294-2359（編集部）
振替 00190-7-40504
[出版情報] http://www.taishukan.co.jp

装丁者——水野幸子
扉写真——森　幸一
印刷所——厚徳社
製本所——ブロケード

ISBN978-4-469-26481-4　Printed in Japan